不埋没一本好书，不错过一个爱书人

ROBERT CAPA
SLIGHTLY OUT OF FOCUS
颤抖的镜头
卡帕二战回忆录

[美] 罗伯特·卡帕 著　　张霞 陈传奇 译

金城出版社
GOLD WALL PRESS
·北京·

图书在版编目（CIP）数据

颤抖的镜头:卡帕二战回忆录/(美)罗伯特·卡帕(Robert Capa)著;张霞,陈传奇译.—北京:金城出版社有限公司,2022.12

（金犀牛文库）

书名原文:Slightly out of focus

ISBN 978-7-5155-2138-1

Ⅰ.①颤… Ⅱ.①罗… ②张… ③陈… Ⅲ.①第二次世界大战－史料－摄影集 Ⅳ.①K152-64

中国版本图书馆CIP数据核字(2022)第182488号

颤抖的镜头：卡帕二战回忆录

作　　者	[美]罗伯特·卡帕
译　　者	张　霞　陈传奇
责任编辑	杨　超
责任校对	欧阳云
责任印制	李仕杰
文字编辑	叶双溢
开　　本	710毫米×1000毫米　1/16
印　　张	24
字　　数	350千字
版　　次	2022年12月第1版
印　　次	2022年12月第1次印刷
印　　刷	天津丰富彩艺印刷有限公司
书　　号	ISBN 978-7-5155-2138-1
定　　价	88.00元

出版发行	**金城出版社有限公司** 北京市朝阳区利泽东二路3号　邮政编码：100102
发 行 部	（010）84254364
编 辑 部	（010）64214534
总 编 室	（010）64228516
网　　址	http://www.jccb.com.cn
电子邮箱	jinchengchuban@163.com
法律顾问	北京市安理律师事务所　（电话）18911105819

罗伯特·卡帕（Robert Capa，1913 年 10 月 22 日—1954 年 5 月 25 日）

1944 年 6 月 6 日，英格兰朴茨茅斯（Portsmouth），卡帕在 D 日的傍晚

1945 年 3 月，卡帕准备和盟军伞兵飞过莱茵河

（上图）20 世纪 50 年代初期，法国巴黎，卡帕和大卫 · 西蒙
（下图）20 世纪 50 年代初期，法国巴黎，卡帕在朗克汉普斯（Longchamps）赛马场

译者序

“如果你拍得不够好，那是因为你靠得不够近。”

罗伯特·卡帕的这句话，几乎所有玩摄影的人都知道，摄影记者更把它奉为箴言。但对于卡帕来讲，他的本意也许应该是：“如果你的照片拍得不够真实，那是因为你离炮火还不够近。”作为一个经历过20世纪5场主要战争的伟大战地摄影记者，卡帕用生命证明了自己的理论。

从卡帕的照片上，能听到呼啸而过的炮弹声，能见到子弹溅起的飞沫，能嗅到比死亡更残酷的味道。他记录下的不单是血腥的战争，还有人们忘却了爱与和平后的恐惧和忧伤的面孔，更有迎接胜利时人们的癫狂，对牺牲者的……

卡帕脖子上总是挂着一台莱卡相机，这已经成了他的招牌。对他的评论各种各样：放荡不羁、酒鬼、英雄、伟大的摄影记者、流氓绅士，等等。但这些都不足以说明卡帕是个什么样的人。一个每天用相机记录生死的人，可能有些麻木，需要用酒精麻痹自己脆弱的神经，用笑容掩饰自己内心的悲哀。他形容自己像吉卜赛人一样居无定所，何尝不是在说没办法给自己饱经战火的灵魂找一个安慰的家？也许只有第二天宿醉醒来后的痛苦，才能让他感受回到了人间。也许坐在电脑前的我，永远无法真正理解卡帕。

也许只有通过他的文字和照片，才能找出我们自己心中的卡帕。

1938 年 12 月 3 日，卡帕

目　录 Contents

如果你拍得不够好，那是因为你靠得不够近。

1941 年或 1942 年，卡帕随护航队穿越大西洋

第一章 1942年夏·启程

现在不用早起了。我的工作室在第9大街一栋3层小楼的顶楼，天窗占据了整个屋顶，角落里放着一张大床，电话机扔在地上，这就是我的全部家具。我连闹钟也没有，每天当然可以睡到自然醒，太阳才是最好的叫醒工具。我根本就不关心时间，天知道几点钟！我现在的全部家当是一枚5分的硬币。电话不响的话我是绝对不会动的，我在等有人来电话请我吃饭或给我个工作，哪怕是借点钱。最终电话没有响，我的肚子却响个不停。看来继续装睡是不现实了。

我一翻身，看见房东太太从门缝下面塞进来的3个信封。过去几周里，只有电话公司和电力公司的账单，终于，神秘的第三封信把我勾下了床。

一目了然，一封是爱迪生（电力）公司给我的账单，一封是司法部的，通知我，罗伯特·卡帕，原匈牙利公民，现在身份不明，被视为敌国侨民。所以我必须交出照相机、望远镜、枪支等危险品，未经特批不许离开纽约超过10英里[1]。第三封信是《科利尔》（*Collier*）杂志的编辑写来的，说杂志在过去两个月里仔细地审核了我的作品剪贴簿，突然确信我是个了不起的战地摄影师，相信我能完成一项他们交给我的特殊任务，他们在一艘48小时后开往英国的船上给我订了一个位置。信里还附了一张1500美元的支票做预付金。

这件事很有趣。假如我的打字机还在，又或者有足够的勇气，我会给他们回信，告诉他们我是个“敌对分子”，我连新泽西都不能去，更不要说英国了，我唯一能带相机去的地方就是市政厅的敌侨财产委员会。

我是没有打字机，但口袋里还有一枚硬币。我想还是抛硬币。要是字的话，我就去英国冒险；如果相反，我就向《科利尔》解释我的处境并退还支票。

1 约16.09千米。——编者

抛落在地上的硬币是——背面！

我转念一想，一枚硬币就能决定我的命运吗？我拿了支票，换成现金，不管怎么样，我要去英国冒险！

我把硬币给了纽约的地铁，支票给了银行，在银行旁边的詹森餐厅用 2.5 美元换了一顿丰盛的早餐。这事到了这一步，我是不可能拿着 1497.5 美元去找《科利尔》杂志社的，那是自找麻烦。

我再一次读了杂志社的信，确定我的英国冒险之旅要在 48 小时后起航。又重读了司法部的信，从什么地方开始呢？我需要一张免服兵役证、一张美国国务院和司法部提供的出入境许可证、英国签证，以及签证要用到的护照。我可不想一开始就碰钉子，所以得先找个能听我解释并体谅我的人。我曾身陷战争的旋涡。美国人刚开始尝到战争这种麻烦的滋味，而英国人已经打了两年多，对这种事他们应该已经很了解。我想还是先去找英国人。

从詹森餐厅到机场只要走 5 分钟。一小时内有一架飞华盛顿的飞机，我买了张票，《科利尔》给的钱又少了。

两个半小时以后，一辆出租车把我送到了华盛顿的英国大使馆门口。我求见使馆的新闻专员。见我的是个穿着随意的绅士，他有着通红的脸颊和厌倦的表情。我通报了自己的名字，但不知如何开始，没有办法，我给他看那两封信。先是《科利尔》的，然后是司法部的。他读完第一封信没有任何表情，但是他读完第二封信的时候，嘴角掠过一丝微笑。借着这丝微笑，我又掏出了爱迪生公司寄来的我还没有拆的信，递给他。我早就知道那是他们给我的停电通知。看完后，他示意我坐下。

他终于说话了，没想到还挺有人情味的。战前他是个地质学教授，战争爆发的时候他正在墨西哥沉醉于研究火山顶层的土壤成分。他对政治从来都不感兴趣。但是由于战争，他被招募到这里做了新闻官。从那时起，他的工作就是为了确保英国人的利益，对各式各样的申请和请求说“NO”。他很肯定地对我说我的情况非常特殊，把他以前处理过的所有案子都比下去了，我是头号的！我心里充满了对他和对我自己的同情，于是，我提议共进午餐。

我们去的是卡尔顿酒店，等位子的时候我们喝了很多杯马提尼酒。我的英国同伴喝了酒后更加热情了。我已经感觉到，这位英国大使馆新闻专员与大英帝国，连同《科利尔》杂志，已经和我是统一战线的了。终于等到一个位子，我拿起菜单先点了一份生蚝。5 年前，我在法国花大价钱接受了“酒文化教育”，没有忘记任何一个有关彼得·温西勋爵（Lord Peter Wimsey）的私密故事，他在吃生蚝时总要配上一种叫蒙哈榭（Montrachet）的勃艮第白葡萄酒，这是全世界最好的白葡萄酒。1921 年的蒙哈榭葡萄酒在菜单的最后一行，价格不菲，却是个明智的选择。我的英国朋友告诉我，15 年前他和新婚妻子在法国度蜜月，就是靠这蒙哈榭让他的新娘彻底臣服。就这样，我们干掉第一瓶的时候，滔滔不绝地谈论起对法国和蒙哈榭的迷恋。干掉第二瓶的时候，我们达成了一个伟大的共识，一定要把德国佬赶出我们美丽的法兰西。喝完咖啡，就着卡洛斯·普利美罗（Carlos Primero）的白兰地，我和他聊了我在西班牙内战（Spanish Civil War）时期与共和国军一起的 3 年经历，以及我痛恨法西斯的种种理由。

回到大使馆，他抄起电话打给国务院。找了某个高层人物，并且直呼其名，说：“老朋友卡帕就在我的办公室，他有极其重要的事要去英国，15 分钟后到你那里办出入境许可证。”挂了电话之后，他拿了张纸给我写了个人名。15 分钟后我赶到国务院。接待我的是一位非常体面的绅士，他在一张表格上写了我的姓名和职业，签了名，告诉我明早 9 点到纽约港的斯塔顿岛出入境办公室，一切都没有问题。随后他也不负重托，把我送到门口，用老友一般的眼神看着我，并拍了拍我的后背，祝我“好运”。

再回到大使馆的时候，我看见我的专员朋友表情紧张甚至有点担忧，我马上告诉他我的第一步很顺利，他才缓和下来。接下来，他又打电话给英国驻纽约总领事。对他说“老伙计卡帕”要去英国，其他都没有问题就差护照了。他又打了几个电话，也就是 10 分钟以后的样子，大使馆的海军专员、文化专员和我已经在一家小酒吧里举杯预祝我的冒险之旅一切顺利了。在我去赶飞机前，大使馆的海军专员向我保证，他会给大英帝国的每一个港口发电报，告知他们我将坐船过去，还可以随身携带照相设备。他会让所有人为我大开方便之门，并安全地把我送到伦敦的海军部。

回纽约的飞机上，我确信英国是一个伟大的国家。英国人有着一种特殊的幽默感，碰到难题的时候，他们绝对是最好的帮手。

第二天一早，英国驻纽约的总领事说，我的事情比较棘手——但是战争本身也很棘手。他给我一张纸，让我在这张寻常的纸上写下我的名字，并写出一个不寻常的没有护照的原因，还要我说明为什么要去英国冒险。

我是这样写的：我，罗伯特·卡帕，出生在布达佩斯，那个独裁者海军上将梵·霍尔蒂（Admiral von Horthy）和西班牙当局对我没有什么好感，我对他们更是深恶痛绝。自从希特勒吞并了匈牙利后，匈牙利领事馆对于我是匈牙利人一事既不承认也不否认；但是，只要希特勒还掌管着匈牙利，我是断然不会接受匈牙利国籍的。我从小一直受到犹太祖父和外祖父的照顾和庇护，我痛恨纳粹！并且我觉得我拍的照片能对反抗纳粹起到宣传的作用。

我把那张不起眼的纸交给他的时候，还有点担心我的措辞，但他还是在上面盖了章，用一条蓝丝带捆好。就这么简单，我搞到了护照。

我的船当天上午就要起航了，可是还有四五张微不足道的许可证没有搞定。我妈妈当时就住在纽约，她陪我去办理最后几张需要盖章的纸片，就坐在出租车里等我。每次我回车里的时候，她就那么静静地坐着，想从我的表情里看到她想要的答案。那天早上，她的心里一定非常纠结。为了我的前程，她希望我能顺利拿到所有的许可证，顺利地起程；但是作为母亲，她心里却祈祷此事最好是出点麻烦，让我无法离开她再次踏入这该死的战争。

最终，我搞定了所有的许可证，但比开船的时间晚了一个半小时，我母亲最后的希望是那艘该死的船已经开走了。

但当我们赶到码头时，那艘又脏又旧的商船就在那里。一个大块头的爱尔兰警察拦住了我，要看我的许可证。

他说："你迟到了，最好利索点。"

我妈妈是不能进去送我的。她再也不是"战争中伟大母亲"的代表，而是彻底地变回了一个充满爱和宽容的典型犹太母亲。一直压抑在她那美丽的褐色眼睛里的泪水如泉水般涌出。那个两米高的大块头爱尔兰警察伸手揽住我那 1.5 米高的母亲，说道："夫人，我请你去喝一杯。"

和母亲吻别后，我奔向船的跳板。

美国留给我的最后影像是，矗立在酒吧旁的摩天大楼露出贪婪的微笑，正要吞没我母亲和那个爱尔兰警察的背影。

第二章　意外来信

我狼狈地赶上了船，不过并不是最终的迟到者，我后面还跟着两个摇摇晃晃的水手。就这样，我迈着大步走出了美国。

站在跳板尽头的船长扭身对里面的船员说："好了，最后两个家伙总算回来了，真是该修理。"随后他看见了我，问道："你是谁？"

"我是个特别的家伙，船长。我就是那个去冒险的敌侨。"

"哦，我的船上装的都是些奇怪的家伙。让我到船舱里看看旅客名单上是怎么写你的。"

他在旅客名单上找到了我的名字，并核对了我的证件，什么都没有说。

"战争爆发前，"他对我说，"我的船从西印度群岛把香蕉和游客运到英国。现在不运香蕉，改运熏肉了。给游客散步的甲板现在改成装拆分开的轰炸机，不会再有游客了。嗨，我的船从前很整洁，可不是现在的样子。卡帕先生，不算太糟的是我的客舱还空着，相信你在那里会过得很舒服。"

在发动机的轰鸣声中，我找到了自己的舱位。在美国待了两年后，我终于又踏上了回欧洲的旅程。我被回忆带到了两年前，那时我从法国飞到这里，对，就是这个地方。我非常担心他们不让我入境。那时我拿的证件也是临时编造的。我自称是个农业专家，途经美国去智利，改善那里的农业水平，我拿的是过境签证，只能在美国逗留 30 天。那时在这里登陆绝非易事……说服他们让我费了不少口舌……而今天，靠一位英国新闻专员创造的奇迹，我再次踏上了冒险之旅……

我拿出相机——从 1941 年 12 月 8 日后就一直就没有碰过，然后给自己倒了一杯酒，于是我感觉我又成了摄影记者。

凌晨的时候我们在哈利法克斯港靠了岸。船长上岸去取他的新指令。晚些时候他回来说我们将组成一支快速运输舰队，我们这艘船将成为旗舰。舰队的指挥官是位退了休的海军上校，他将在我们的舰桥上向整个舰队发号施令。

我已经想好了，可以在《科利尔》杂志上发表一篇名为《运输舰队指挥官》（*Commodore of the Convoy*）的4页报道，配上几张写实的照片，那个年迈的、蹒跚的海上雄狮站在舰桥上，身后是颠簸在海中的船一字排开，必然感人至深。

晚饭后，指挥官派人叫我过去。虽然舰桥上很暗，但我还能看清他的样子。他让我失望极了，我看到的不是我要拍的那个年迈的蹒跚的海上雄狮，而是一个50多岁的衣冠整齐的体面绅士，这和我想象中的落差实在太大，唯一相似的也许就是那两条浓浓的眉毛了。我作了个自我介绍，但他在只告诉我他是爱尔兰人后，就迫不及待地说，他对电影圈的事情非常感兴趣，尤其是好莱坞的那些女明星，令他兴奋不已。整个航程中他都必须守在舰桥上，那我为什么不每个晚上来给他讲述好莱坞的花边故事呢？作为交换条件，他会和我分享舰队的任何事情。

这根本就不是公平交易。作为舰队指挥官，他对舰队的所有情况了如指掌，而我却连好莱坞的大门都没进过。可是我不忍心，也没法告诉他：他搞错了我的名字，我并不是那个著名的电影导演弗兰克·卡普拉（Frank Capra），而是鲍伯·卡帕（Bob Capa）。在接下来的航行中，我不得不扮演谢赫拉莎德（Scheherazade，《一千零一夜》中的苏丹新娘）。我唯一期盼的就是这段航行不要持续一千零一夜！

当晚我们就在港口过夜。第二天早上，舰队指挥官问我是否乐意跟他去见见其他几位船长。这些船大部分是临时招募来的，都挂着外国旗。指挥官总要费很大功夫才能跟他们把话说清楚。瑞典和挪威来的船长请我们喝烧酒，他们的英语相当流利，荷兰船长的杜松子酒很不错，法国船长有上好的白兰地，希腊语说得飞快的希腊船长有一种极烈的茴香酒，我成了他们的翻译。交流根本就不是问题。我们总共去了23艘船，喝了23种不同的好酒。在回自己船的路上，指挥官不停抱怨那些疯狂的外国船长，让我觉得他肯定是个盎格鲁–撒克逊人。

下午我们很快就编好了队。所有的船分成4排，每排6艘船，每排之间的距离是1000码[1]。护卫舰队由1艘驱逐舰和5艘轻型护卫舰组成，看上去有点单薄。

舰桥上的头一晚，指挥官一直在讲述他的经历。一战刚开始的时候，他只是一

1　约为914.4米。——编者

艘驱逐舰的舰长；到 1918 年的时候，他已经指挥整支舰队了。他总是念叨着泽布吕赫（Zeebrugge）和加利波利（Gallipoli）这两个地方。他讲完自己的故事马上就问我莉莲·吉许（Lillian Gish）[1] 的近况如何。我告诉他，吉许小姐的身材一直保持得非常棒。那晚我离开的时候，我们的友谊有了坚实的基础。

在海上，开始的 4 天极度无聊，白天从桅杆到轮机舱我给见到的每个人、每样东西拍照；晚上去舰桥上神侃我在牙医和娱乐杂志那里知道的所有明星的花边故事。我一再地暗示那位指挥官我是个正直的家伙。但是他总是觉得我多少和某些好莱坞的丑闻有千丝万缕的关系。作为交换，他告诉我有一次他的舰队去了摩尔曼斯克[2]，他的靴子居然冻在了甲板上，3 天都没法动弹。舰队指挥官在海上航行的时候从来都是不喝酒的，而我总是随身带着酒瓶，边和他聊天边来两口御寒。午夜后我靠在舰桥的栏杆上，仿佛置身于第三大道某个幽暗的酒吧里。

至今为止，我的“北大西洋战役”（Battle of the North Atlantic）进行得十分愉快——简直太有意思了。然而，船员们不了解我对“战争”的渴望，他们根本就不在乎《科利尔》杂志上有没有精彩的报道。

第五天，我们在北大西洋上遇到了真正的大雾。驱逐舰靠了过来，信号灯不停地闪。指挥官扭头对我说：“卡普拉，你要是在大雾里也能拍照的话，你就能抢到独家新闻了，一群德国潜艇就在前面 30 英里的地方等着我们。”

不管有没有大雾，指挥官都决定我们必须改变航线。这时候我们在舰桥里已经看不见船尾了，由于无线电必须静默，我们只能用雾号保持联系。本应在我们左边的挪威油轮从右边回应了两长三短的雾号；原先在舰队最后的希腊货船应该离我们有 3 英里远，现在却在我们船前方 50 码的地方发出 4 声长的雾号。总之，23 艘船上的雾号乱响一气，恐怕连柏林都能听见。指挥官在不停地咒骂所有的船长。但是已经没有时间去担心是否会有撞船事故了。因为德国佬的潜艇已经发现了我们，我们的护卫舰已经开始发射深水炸弹了。

我用防水烟草袋装好我的宝贝护照和《科利尔》的钱，心里却为无法拍到这惊心动魄的战争场面而遗憾。

指挥官命令所有船只散开，从现在开始，每艘船只能靠自己了。我们不止一次

1 默片时代演员，美国好莱坞女明星，被称为“荧幕第一女士”，代表作品有《党同伐异》《一个国家的诞生》等。——编者

2 俄罗斯不冻港，北冰洋沿岸最大港口。——编者

听见有船向我们靠近，而且靠得很近，但是深水炸弹的声音越来越远了。

48 小时之后，绚丽的阳光彻底撕碎了浓雾。其他 23 艘船都在我们周围。连我们的护卫舰也在，实际上我们还保持着一个编队，只是原来在中间的船现在在外边，原来在最后的希腊船现在居然跑到了最前面，而我们却落在了最后边。

这时海平面上出现了一个小黑点，不一会儿它开始向我们发信号，一会儿，信号兵面无表情地说："报告长官，是'哈维斯特'号（H. M. S. Harvester）询问我们能否分给他们一些啤酒。"

"让他们自己来取吧。"

于是，那艘驱逐舰献媚地绕着舰队转了几个花哨的弯后，冒着蒸汽欢快地赶到我们的船边。舰长站在舰桥上，用大喇叭对我们说："见到你们真高兴，我的长官，你的舰队竟然完好无损。"

"见到没有啤酒的英国海军真是太让我惊讶了！"

"我们用完了深水炸弹，只能请德国佬喝啤酒了！"

不久，我们的桅杆上突然冒出了一串让我不解的旗子。信号兵告诉我，那个意思是："在后边给你们领航很自豪，不过还是请恢复原始队形。小心点。"

各船纷纷回应。挪威油轮差点撞到希腊货轮，瑞典人全速后退，一会儿，在舰桥上就看不到他们了。法国人报告说他们的锅炉坏了，只能留下，总之场面比较混乱。经过 4 个小时的调整，舰队 22 艘船编队后继续航行。

当晚，我去舰桥见指挥官，他没怎么理我，当我无聊到准备回自己的客舱的时候，他伸了个懒腰问道："我说，卡普拉，你见过克拉拉·鲍（Clara Bow）[1] 吗？"

第二日，我们就发现驱逐舰算是白白浪费了他们的"啤酒炸弹"。那些德国佬的潜艇又围了上来。驱逐舰在我们舰队周围发射一圈非常上镜的烟雾，然后开始用无

1　好莱坞女星，性感偶像，1921 年获选美冠军后步入影坛，因代表作品《它》被称为"它女郎"。——编者

线电求救。按原计划在这片海域应该有一艘英国驱逐舰接应我们，很幸运，它及时赶到了。作为《科利尔》的“北大西洋战役”系列的收官之笔，我们近距离见证了英德战舰的一场激战，而我们整个编队也竭尽全力用所有的炮口喂德国佬吃“黑烟”。

当爱尔兰海峡的灯塔进入我们的视线时，我用照相机记录下了所有的一切！可我的想象力早已被那该死的好莱坞故事榨干了！

我们的指挥官离开了舰桥！这是整个航程的第一次！舰桥上就剩下我和信号兵。这个信号兵比较闷，整个航程就没听到他说过什么多余的话。他小心地确认指挥官真的离开后才小声地对我说：“这老家伙真的是个了不起的人物，但是和你说实话，他告诉你的一些事情……”

他这么一说，我心里好受多了。但在这里我还是想先向弗兰克·卡普拉的太太表示诚挚的歉意，因为我一直在冒充她的老公。

进入海峡的时候，我们调整了队形，各船间的距离缩短到了 100 码。无线电静默终于结束了，所有的船都得到了各自的停靠指令。希望我们能安排在利物浦停靠，我甚至开始安排我在伦敦萨伏伊酒店第一天的日程了。但战时船只管理局没能让我如愿，他们让我们留在爱尔兰海域，停靠在贝尔法斯特等候命令。

萨伏伊酒店我算是去不成了。指挥官对我说这没什么大不了的，他知道贝尔法斯特有家酒店也很棒，我可以在那里打发时间。而他有一大堆的事情要处理。

我们的船刚靠岸就有一艘摩托艇开来，几个戴着礼帽的移民局的老爷登上了我们的船。轮到检查我的时候，他们仔细地审查我的所有文件。他们一直摇头，透过不满意的神情，我最后只见到摇晃的礼帽。当他们看到我的照相设备时，礼帽摇晃得更厉害了。我马上跟他们提了华盛顿大使馆海军专员发电报的事情，他们听了一点反应也没有。绝望之余，我只好打趣地说我真的不是从德国来的赫斯（Hess）先生[1]，而且并不是每个人都有跳伞登陆英国的能力。他们显然没有被我的幽默感打动，而是一本正经地告诉我：战争时期只有大英帝国的公民可以登陆北爱尔兰，而我只能待在船上，直到我们的船在英格兰靠岸为止，我的命运由当局安排。

指挥官很同情我的遭遇，他说我给他讲的那些故事非常有意思，并把他自己的

1 德国纳粹的副党魁，1941 年秘密飞到英国和谈，当即被当作战犯拘禁。——译者

舱位让给了我，然后就和那些移民局的老爷们上岸去了。就这样，这船的指挥权又回到了船长手里。他安慰我说："最多 3 天，他就会接到去伦敦的命令。"而后他高兴地补充说，由于我们的船还没有正式地靠岸，船上的商店可以一直向我开放。苏格兰威士忌只要 7.2 先令就管够。

我钻进指挥官的舱位，叫了瓶苏格兰威士忌，和报务员玩起了 21 点。晚上 10 点，那瓶苏格兰威士忌被干掉了，《科利尔》的钱输掉了 150 美金。我又叫了一瓶酒，但是乘务员却空手而归，并用一种奇怪的神情看着我，说船长请我去他的舱位。

我的肚子里灌满了威士忌，踉踉跄跄地走向舰桥，心里却有种不祥的预感。那里有 3 个人，我认出一个是船长，还有两个年轻的海军军官好像没有见过。介绍后才知道一个叫加比奇（Carbidge），另一个叫米勒（Miller）。确认我就是卡帕后，他们让我交出照相器材和笔记本由他们保管。我对他们吼道："不行，绝不可能！"他们要和我待在一起。我接着大叫："我到英国后应该受到大英帝国海军的礼遇和设备上的支援，现在不但什么都没有，反而还被无礼地拒绝上岸，到现在还飘在爱尔兰海域；虽然我现在还待在船上，等一到英格兰，我会投诉这所有的一切！"

他们两个好像在嘟嘟囔囔地诅咒该死的战争什么的，退到角落里研究一张神秘的电报。他们反复看了 3 遍那张电报，又研究了几分钟，然后居然还是坚持要我马上交出照相设备和笔记本。对这个新状况，我可一点都不喜欢。

苏格兰威士忌的余威突然让我想明白了整件事情。我告诉他们，不用看我也知道那张电报上写的是什么意思。于是我跟他们讲，华盛顿的海军专员是如何说要给大英帝国的每个港口发密电，通报有位罗伯特·卡帕先生会带着他的相机和其他装备坐船到达，对这个家伙和他的所有照相器材都要好好地照顾，任何事情都要热情地给予帮助，最终要把这个家伙送到伦敦的海军部。现在，他们要做的就是回去和华盛顿大使馆的海军专员核实一下，然后通告海军部我就在这艘船上，将于某时到达就好。

他们两个重新看了一下那份电报，迷茫地对视了一下，然后把它给了我。果不出所料，上边的确提到了照相机、胶卷，还有卡帕，但是那上边反复地加密、反复地翻译，现在的内容恐怕连《圣经》都比它容易懂。加比奇的态度温和了下来，居然问我能不能私下谈谈。

加比奇略显踌躇地说："先生，我们愿意相信你说的都是事实。希望你也愿意相信我接下来说的话。"听他们说下去没有什么不好，这样的逆转正是我想要的。

加比奇解释说，他和米勒为贝尔法斯特海军情报处工作，白天的事情忙得他们头昏脑胀，所以下班后他们去酒吧缓解一下。他们在酒吧里遇见了他们的老同学，一艘扫雷艇的艇长，他请他们去他的船上看看，因为船上的酒比酒吧里的便宜而且给得多。他的老同学说得一点错都没有。他们一直喝到刚才，才回办公室。回去后才发现这张电报。如果现在他们两手空空回去，一是无法交差的，二是说明他们“溜号”去做了别的。如果我不肯帮他们的话，他们会有大麻烦。加比奇还说，如果我肯通融和他们一起走，他们保证将我和我的所有物品以最快、最安全的方式送到伦敦。

这样的情况下，做点好事，与人方便与己方便，有什么不好？我决定买3瓶威士忌带在身上，跟着他们。我们摇摇晃晃地爬下绳梯，在一团漆黑里，登上了一艘也许是我见过的最小的摩托艇，它不耐烦地上下摆动着。这回我终于可以上岸了。

可是麻烦远远没有我们想得那么简单，摩托艇的驾驶员回头告诉我的那两个新朋友，现在已经是晚上11点半，海关和移民局早就下班了，明早8点他们才开始办公。看来我今晚注定是无法上岸了。

这真是让我们郁闷到了极点，米勒突然提议："我们还是去那艘扫雷艇吧，在那里我们可以舒服地过上一夜，明早我们再上岸也不迟。"

在黑夜里，我们摸了两个小时才找到那艘扫雷艇。艇长见到我那两个新朋友的时候，迫不及待地问，你们有没有带好酒来。米勒给的答案居然是不但有好酒，还有卡帕！那家伙开始还以为“卡帕”是种好酒，非常热情地请我们上了船。趁着还没有新的麻烦，那个明智的开摩托艇的家伙消失得无影无踪。

扫雷艇上那间邋遢的船舱勉强装下我们4个人。艇长迫不及待地问威士忌在哪里。我拿出带来的3瓶威士忌，他紧接着又问“卡帕”在哪里。于是加比奇把整件事情告诉他，但他已经喝迷糊了，摇摇晃晃地问："就简单一句话，到底办成了没有？"

嗯，当然没问题，加比奇给他和我都吃了定心丸。其实，这件事情我们暂时是无能为力的。

我们开始喝酒，不断地为大英帝国海军、商船运输队还有扫雷艇干杯。接着舰长转向我，竟然提议要为国王鲍里斯（King Boris）[1] 干一杯，但马上又神秘兮兮地对

1 保加利亚国王鲍里斯三世，二战时加入轴心国。——译者

我耳语："伙计，我没有任何冒犯的意思，不过你不觉得你的国王站错队了吗？"

"他是保加利亚人，他跟我毫不相干，很明显他站错队了，"我又接着说，"不幸的是，那个叫梵·霍尔蒂的匈牙利人，他也站错了队。"我们对此都很遗憾，但是我们可以谈的话题很多，值得干杯的事情更多。

第二天早上6点，宿醉和莫名的不祥预感把我弄醒。我们刚准备给港口的摩托艇发信号，叫他们来接，传令兵就进来说刚刚接到命令，扫雷艇要在爱尔兰海域继续扫雷！我们给海军情报处发放了电报说：卡帕将在爱尔兰海域参加扫雷……一切问题都可以解释得通了……

我们在公海上待了3天，回来的路上我们从头到脚清理了两次，还刮了胡子。然后，我们谨慎地演练了一次我们要说的理由。

船过灯塔的时候，我们给海军情报部门发了我们回来的消息。进港的时候，我们用望远镜可以看见很多穿蓝色制服的人在码头上等着。艇长想，大不了就是丢掉艇长的职位；加比奇和米勒心里想，搞不好会被关上几年；而我却有点不敢想这些。

刚一靠岸，港口的特工就上了扫雷艇，面无表情地听完了我们的解释。走之前，他对我们说："我们相信你们所说的大部分话是真的，但是在皇家海军的历史上还从来没有用扫雷艇给移民当旅馆的先例。"

最后，他们通知我们说掌管贝尔法斯特港口的海军上校将亲自过问这件事。然后，他们就这样走了。

没一会儿，上校先生就来了，加比奇、米勒和艇长向他报告的时候，他什么都没有说。最后轮到了我，我说我是匈牙利人，这一切绝对不是他们的错……

"哪里人？"他突然打断我。

"我是匈牙利人，布达佩斯的。"我回答说。

上校先生高兴地搓着手。"小伙子，"他说，"今天晚上和我们共进晚餐吧，我的妻子就出生在布达佩斯！"

艇长居然特批了3天假，更离谱的是加比奇和米勒还得到了升官的许诺。而我，吃了一顿丰盛的匈牙利大餐，第二天还会有专机把我送到伦敦。

第三章　运输舰队指挥官

在伦敦的海军部，一位新闻官接见了我，他从一个印有“罗伯特·卡帕”的文件袋里拿出了一叠关于我的文件，一会儿看看文件，一会儿盯着我看，然后他说：“你的旅程真是够丰富多彩的了，希望您不要像其他的记者那样靠胡编乱造来哗众取宠，最好是能专注地报道商船运输队的事情。当然了，我们的新闻监察官是不会准许你对扫雷艇还有海军情报处（Naval Intelligence）发表任何相关新闻的。因为那根本就不是你该干的事情。”他说得是那么漫不经心，却又那么毋庸置疑。我临走的时候，他告诉我：“《科利尔》一直在询问我的到达日期，貌似非常着急。”

《科利尔》杂志的办事处竟然设在萨伏伊酒店的一个宽敞豪华的套房里，这套房原来是昆廷·雷诺兹（Quentin Reynolds）[1]的。我见到他的时候，他正在喝黑咖啡，也给我来了一杯。

房间里到处散落着报纸和电报。报纸上都在惊呼德国佬打到北非了，纽约方面发来电报催促我即刻去北非。雷诺兹打着官腔问我有没有拿到军队的许可。我回答说没有，而且我被美国和匈牙利以外的军队给我发许可证的可能性好像也不大。我假装和他一样惊讶《科利尔》居然不知道我是匈牙利人。他问我打算什么时候回美国。我费尽了口舌告诉他我是个有巨大潜力的优秀战地摄影记者，而且《科利尔》费了好大的劲又花了1000美金把我弄到这里，绝不会让我这么轻易地就回美国的。

我们觉得应该去喝两杯然后再接着商量，于是就在楼下的萨伏伊酒吧坐了下来。昆廷才喝了一杯就变得好说话了，他也觉得像我这样一个匈牙利摄影记者去报道这场该死的战争也没有什么不可以的。

1　美国记者、作家，作品大多为战争主题，代表作《伤兵不要哭泣》《温斯顿·丘吉尔》等。——编者不管你是谁，只要你不是大英帝国的公民，到了伦敦首先要办的就是去葡萄藤街的警署登记。等我到那里的时候，早就排起了长龙。

在1942年这个当口上的英国，我想除了罗斯福（Franklin D. Roosevelt）以外，最受欢迎的美国人应该就是昆廷。他是布鲁克林人，善良而且很宽容，后来甚至在所有有记者厮混的酒吧里都很吃得开。

这个220磅的大块头是不会把时间浪费在和其他普通的、矮小的外国人一起排队上的。他站在登记处门口引人注意地停了一下，随后用他著名的、对戈培尔博士（Dr. Goebbels）[1]和希克尔格鲁伯（Schicklgruber）[2]广播的声音叫道："我送了个德国间谍来你们这里登记！"然后转向我用他那蹩脚的德语说："难道不是吗？"

就这样，他戏剧性地把我带了进去。如他所料，所有的人都哄堂大笑。我很快就得到了一张登记表，而登记表上的所有限制都被取消了。我就这样成为大英帝国和昆廷自己的敌侨。

接着，一个警官向昆廷要了签名，我们又给俄罗斯战争救济会（Russian War Relief）捐了款。这该死的战争什么时候能结束，人们还无从猜测，但是英国人在心底里还是很感谢俄国人的。

接下来我们赶去格罗夫纳广场的美军公共关系部。跟警察局比起来，这里安静多了，受到的接待也冷淡了许多。公共关系部的少校认为我的国籍没有什么大不了的。如果我想去驻英的美军基地拍点什么，他可以给我弄个许可证，但如果我想成为美国大兵的随军战地记者，那他就搞不定了，必须得去情报部门搞个审查许可证什么的才行。"情报部门"，好可怕的词，在军事术语里和密报里好像又叫军情处。昆廷把我带到了一扇写着"G-2"的大门前，低声说："低调点，坦诚点，尽可能地告诉他们你反纳粹的理由。上帝与你同在。"

我原以为会接受某个大人物的审查，所以进门时表现得很"乖巧"。可是没有想到我的"调查官"是个漂亮的、红色头发的、鼻尖微微上翘的典型的英国美女。她看上去那么俏皮，就坐在那张大办公桌的后面，桌子上放了个"执行秘书长"的桌牌。

在美女面前，我早把昆廷的忠告抛到了脑后，我的谈吐变得很"匈牙利"，我

---

1 纳粹德国宣传部部长，后任纳粹德国总理。——编者

2 希特勒的父亲。——译者

描述我的经历，又讲了为什么要来这里冒险。她就那么盯着我的灰色眼睛，听我讲完这一切，她笑着说："你那双漂亮的灰眼睛一定会很配美国大兵的衣服。"最后我们达成了一致：她保证能搞定"军装"的事情，作为回报，等我穿上军装后，我要请她共进晚餐。其实我心里已经很清楚，即使我穿着现在这身法兰绒灰西服约她，她也会同意。

第二天早上，我在萨伏伊酒店被叫醒，一个穿着得体的侍者端着个漂亮的银盘子，送来了茶、鸡蛋、空心粉，还有 3 封信。他把盘子放在桌子上。桌子上还扔着 48 个我还没来得及洗的胶卷、越来越令人印象深刻的一捆身份证件和所剩无几的《科利尔》的绿色钞票。我慵懒地拆开信，一封是美国军方寄来的，说在我成为随军记者前，他们可以安排我去逛逛切沃斯顿的空军基地，给那里的空中堡垒拍些照片什么的。第二封是一个叫《画报》(*Illustrated*) 的杂志寄来的，他们迫切想得到我所有报道的英国版权，每篇报道 100 英镑，但必须是没有在英国发表过的。第三封是一位叫亚德利 (Yardley) 的英国企业家写的，他说他的妻子弗劳尔 (Flower) 是我在纽约的某个朋友的妹妹，他们邀请我周末，或者其他什么我乐意的时间，到他们位于梅登黑德的家里做客。这 3 封信让我感觉我的身份即将合法，前途一片光明。

早餐完毕，穿戴整齐。我打算先去拜访一下我的老东家《时代》(*Time*) 杂志和《生活》(*Life*) 杂志在伦敦的办事处。《生活》是我的第一个大雇主，很久以前，西班牙内战那会儿，我给他们效力的时候，就经常回伦敦，那里的人待我很不错。

空袭没有放过迪安街上的那些灰色的楼房，不过看上去损失并不重。旁边贝思酒吧原来的玻璃窗上大多镶上了木板，但依然开着门在做生意。一切感觉好像还是从前的老样子，很温馨，可那种温馨中总有抹不去的伤感。

5 年前，在这里工作的那两个爱尔兰姑娘，克劳琪 (Crocky) 和桃乐茜 (Dorothy)，她们现在还在这里。不过 5 年前，那个帮我修改照片英文说明的小秘书克劳琪，现在已经是这里的头儿了。这次她发现我的英文水平和职位都提高了，我写的东西基本上可以看明白说的是什么了。我给她看了《运输舰队指挥官》一文，看完后她兴奋十足地要亲自做点小润色。她一下又变成了 5 年前的样子，在打字机后面整整敲了 4 个小时。这段时间我也没闲着，靠老交情借用她们的暗房把我给《科利尔》拍的照片都冲了出来。等把一切都搞定后，为了表示谢意，我在楼下的贝思酒吧请她喝了红杜松子酒。

第二天一早，《生活》派人送来了 100 张冲洗好的照片，还有 3 份 10 页的署有我名字的《运输舰队指挥官》。一份送审，一份给《科利尔》，另一份我拿去见那个英国杂志《画报》。《画报》的编辑看完我的照片和文章后，问我是否介意发表作品时加上我的照片和简历，还问给我安个"著名美国摄影家"的头衔怎么样。我告诉他们，你们自己看着办吧。就这样，我换到了一张 150 英镑的支票。

我回酒店把支票换了现金，在门童那里问得了去切沃斯顿的列车。整个切沃斯顿现在就是一个戒备森严的大空军基地，年轻的美国空军第 301 轰炸机大队现在驻扎在这里。他们有 48 架 B–52 空中堡垒、深灰色的营房，还有能没到膝盖的烂泥。我的"现场访问"许可证让我畅通无阻。负责接待的军官给我一张铁架床和 3 条毯子，还给了我一个罐头午餐肉当晚餐，然后就把我扔在了食堂外的烂泥巴里说："这就是你的家了。"

周围都是穿军装的小伙子，就我和他们穿得不一样，根本就没有人在乎我穿什么。我根本就找不到家的感觉（虽然也没想）。

很多人都在往一个地方走，我跟着人流的方向被带进了俱乐部，可我还是和他们搭不上话。过了会儿，吧台后边的一等兵问我要不要来点什么喝的。他可真是个好人，我要了一杯他们都在喝的熟啤酒。我旁边都是最优秀的年轻飞行员，他们驾驶着空中堡垒纵横在欧洲的上空，但在这里他们看起来很悠闲。有的在看过期的美国杂志，有的在独自写家信。唯一看上去有趣的是被一群人围着的一张大桌子。

我在边上光听见他们叫嚷着"买大买小！"，挤进去还真不是件容易的事，只赶上看他们分桌子上的钱。看了好一会儿，我也没有搞明白他们在玩什么，看上去是种很讲技巧的扑克牌游戏。没一会儿,有个家伙就不玩了。我急忙抢了那个位置，要想把这里当成家，让他们把我当成自己人，这可是个绝好的机会。有新人来送钱，谁会不高兴呢？那家伙发给了我 3 张牌，前两张是暗的，最后一张是明牌，然后下了半克朗的赌注，接下来，又发了 4 张牌，3 张明牌、1 张暗牌。发每张牌时都要加赌注，发到最后一张的时候，我押了 2 英镑。其他几个牌友看了自己的牌后开始报牌。有的说"大"，有的喊"小"。我看着自己手里的牌，有大有小，根本搞不清状况，我学着他们喊：大！小！其实根本就没有人在意任何人在喊什么！他们让我翻开那 3 张暗牌。我只好照做了……有人开始大笑……其中两个人开始分钱！

玩了一会儿，我回去拿来相机，不管是看旧杂志的、写信的、喝啤酒的，还是在听留声机的，我都拍了照片。

午夜的时候，俱乐部的人走光了，据说明早有任务。早上 5 点，我们被从床上拎到了作战室。第一位长官详细地介绍了天气情况，第二位介绍了打击目标的大致情况，第三位详细地描述了敌人的防空火力的配比，还有我们可能会遇到多少敌机的拦截。6 点会议结束，大家只能回到俱乐部等出发的命令。等待有多么难熬，不用我说你也知道。一切都很安静，这将是他们第三次在欧洲上空驰骋！

9 点，大喇叭通知法国上空大雾，任务取消……今天休假。这消息让所有人失望和生气。然而，一会儿的工夫大家就回到了昨晚的状态，睡觉的、看杂志的、写信的、喝啤酒的、玩牌的。这样的日子一过就是 4 天，我拍了许多照片。那种"猜大小"的游戏我已经很在行了，还学会了几种新的游戏"吐大海""棒球"，还有"红狗"。到第五天早上，虽然我输掉了所有的钱，但是这次他们的任务没有取消。我跟着我的牌友们上了空中堡垒，从各个角度给他们拍照片。一个叫毕晓普（Bishop）的年轻中尉虽然是个小个子，但是他的鼻子和空中堡垒的鼻子像极了，他是最后起飞的，飞之前摆了姿势让我拍照，我把两个"鼻子"放到了一起，这张照片我满意极了。

他们都飞走了。我在塔台里苦苦地守了 6 个小时，当看到第一架回来的空中堡垒从云端慢慢地变大的时候，我们都开始数数。一早出去的是 24 架整编的漂亮编队，现在再怎么数也只有 17 架。

他们在塔台上空盘旋，等着降落的指令。其中有一架空中堡垒的起落架被打掉了，机上还有人受伤，塔台安排它们最先降落，用机腹着陆。飞机平安落地时，我已经用我的康泰时牌相机拍了整整一卷了。等空中堡垒的舱门打开的时候，我也刚好赶到。我调整好焦距的时候，刚好第一个兄弟被抬到救护队那里，他在不停地呻吟，接下来的两个兄弟就没有那么幸运，他们连呻吟的机会都没有！最后下来的是飞行员，看上去只是额头上碰了个小口子。我抢上去拍特写。他停下来，就站在跑道中间大声地对我咆哮："你是摄影师是吗？这就是你想要拍的照片，是吗？"我突然不知道该说什么，关了相机，就这样回了伦敦。

在回伦敦的火车上，我揣着那堆拍完的胶卷，突然开始憎恨我自己和我的工作。

这样拍照片简直和办丧事的没什么两样，我恨透了这差事。我发誓，如果想让我再干下去，只有一个办法，那就是让我和他们一起上战场。

第二天早上起来的时候，我感觉好些了。我一边刮胡子，一边和自己探讨一个很矛盾的问题。作为一个摄影记者，到底应该是什么样的，是要客观地反映事实还是加入主观的多愁善感？如果只拍那些坐在机场跑道周边闲聊的兄弟，而不拍那些阵亡和受伤的勇士，那我只是在粉饰太平，会给人一种这场战争不过是游戏的错觉。我很庆幸我在变得多愁善感前拍下了那些勇士，那才是真正的战争！

《画报》来电话问我的报道怎么样了，我主动说内容“很真实，很感人”，他们说马上就来取胶卷去冲洗。

机场上的那个场景总是在我的脑袋里晃，搞得我迫不及待想穿上军装。我约了那个美国军情处的红发美女秘书帕特（Pat）共进午餐。我问她我的入伍通知最快什么时候能到。她说很顺利，现在就可以找个裁缝做战地记者的军装了。

美国军装该是什么样子，我的那个裁缝有自己的想法。我想，布料和颜色和一般的军装不太一样，得更漂亮。我告诉他 6 天后要穿，裁缝告诉我，不会耽误我用的。

我回到《科利尔》的办公室，告诉了昆廷这个好消息。他也给我带来了好消息：《科利尔》纽约总部收到我关于“护卫队”的报道，他们会用 4 整页刊载。我还告诉了他空军基地的那些事情，他却告诫我不要急功近利，建议我到处走走，先了解一下什么是伦敦精神。接着他给了我一些提示和地址，让我自己去寻找。

在德军大轰炸之后，美国大兵全面进驻之前，伦敦精神就开始迸发出她的魅力了，一转身我就和她扑了个满怀。当然我还找到了一些其他的东西，之后整整 6 天里，她无处不在，其他的东西也一直陪伴着我。当然，我在萨伏伊酒店没有感受到这些顽强的精神或者什么别的。上帝用 6 天创造了世界。而我在第七天只有宿醉后的痛苦……

我回酒店的第一件事就是要倒在床上睡死过去。可我没能如愿，在我房间里有两个家伙，那个来回转圈的家伙是《画报》的编辑斯普纳（Spooner）先生，还有一个手里捏着一份《画报》杂志的美国少校。他把那本杂志直接戳到了我的鼻子下面，手指封面大吼：“这照片是你拍的？你知道你在干什么吗？”

我一眼就认出了封面上的照片，那是我在空军基地里拍的最喜欢的那张，它印在封面上的效果非常好。

“当然，那是毕晓普中尉（Lieutenant Bishop）和他的空中堡垒。”

“该死的混蛋毕晓普。”他继续大吼，并用手戳着空中堡垒的鼻子上的小黑点。我根本就不知道那个小黑点是个什么玩意儿，但是我现在已经意识到它就是我的灾难。

少尉紧跟着狂吼道：“这个小黑点是美国空军的头号机密！那是诺顿轰炸机瞄准器！”他简直要爆炸了！

我根本就不知道。机组人员有严格的指令，在没有任务的时候必须将那个小黑点包起来。毕晓普的投弹手太兴奋，太早扯下包着的油布，这提前的5分钟给我们所有人带来了大麻烦。我试着和他解释，我拍这张照片的唯一原因是毕晓普的鼻子和飞机的鼻子很像，根本就没有什么别的。斯普纳解释说，由于在过去一周里没有联系上我，没有安排我把这些照片交给美军审查，所以他只好把这些照片交给英国皇家空军审查。可是他们对那个小黑点没有提出任何疑问。斯普纳主动表示，这期涉嫌泄密的40万本《画报》，3天后才会面市，他马上去销毁正在印刷和等待分发的杂志。

少校没有那么歇斯底里了。“斯普纳先生，这样做也许能救得了你和你的杂志。但救不了卡帕。没有美国军方的同意前，他连给你看这些照片的权利都没有。”

就这样，我被少校软禁在了房间里，斯普纳急匆匆地去处理那40万本涉嫌泄密的杂志，少校回总部汇报去了。我瘫倒在床上，床上的盒子里装着我的新军装。我以为再也没有穿上这身军装的机会了。事实证明我错了。当天下午，美军军情处通知我被批准入伍了。原因是他们要送我去军事法庭，而平民是不能上军事法庭的！

就是这样，一个戏剧性的理由让我穿上了军装！

第二天一早，我“出席”了听证会。由公共关系部和情报局的军官们组成的仲裁委员会，将决定在军事法庭上用什么罪名起诉我。

在那里，我才意识到一件恐怖的事情，我的军装和他们的根本就不一样，我真的害怕它就是老天抛给我的最后一根稻草，也许它会把我这只可怜的大骆驼压趴下的。

我尽量详细地说明我是无辜的，但是我非常激动，我越激动他们越听不懂我说的话。我讲到一半的时候，他们就不耐烦地让我停下了。他们开始讨论，我能听懂他们在说什么。就在他们快达成某种对我不利的一致意见的时候，门开了。毕晓普跟着一个公共关系部的长官走了进来。

毕晓普很快就让仲裁委员会相信，我是个连纸牌上的 A 和 2 都搞不清楚的家伙，更搞不清楚诺顿和 C 口粮罐头有什么区别。这个莫名其妙的事情一定是有什么精灵搞的鬼。那些常年伏案工作的官老爷怎么可能是我们飞行员的对手。他们给了我一个口头的警告，然后把我释放了——我成了一个真正的随军记者。事后我和毕晓普去了酒吧。他问我："你的裁缝在哪里住？他真不赖。"

《科利尔》杂志办事处的人和萨伏伊酒店的酒吧里的人，都被我的军装镇住了。他们最后一致认定："样式是美国的，颜色是英国殖民式的，很牛！"于是，我决定庆祝一下。

我约了那个红发美女秘书帕特共进晚餐。我们喝的香槟。喝完第二瓶的时候她已经搞不清我是谁了，喝完第三瓶时，她连自己是谁都搞不清楚了，更不用说她住的地方。我知道如果接着喝下去的话，恐怕要牧师来带我们去教堂才能解决麻烦了。

一上出租车，帕特就不省人事了。我试着叫醒她，可她根本就是一摊烂泥。我只剩下 1 英镑了，看着计价器不停地蹦，我的心蹦得更厉害。我又去摇帕特，等我再次抬头看计价器，它已经蹦到了 1.1 英镑。我拼命地摸自己的口袋，然后摸帕特的。我找到了 2 英镑，还有一个写着她姓名和地址的会员卡。我让出租车把我们扔到海德公园的环形湖旁，把帕特的头在水里浸了两下，然后送她回家。

我也醉得很厉害，很兴奋，我为我刚才还"保持清醒"而自豪。我痛下决心，戒酒、戒赌，和红头发的女人保持距离。

为了让我的决心彻底执行，我跌跌撞撞地爬到书桌旁，给战地记者卡帕写了个条：戒酒，戒赌，离军事秘密远点，不泡妞。在幸福地"昏死"过去之前，我把它塞进了我的军装上衣口袋。

第二天早上，宿醉让我头痛欲裂。找到那纸条前，我已经完全不记得昨晚都干了些什么。我意识到，不让麻烦上门的最好办法就是离她远点。我决定，去北非前的这段日子还是到乡下的亚德利先生家。我把电话留在桌子上，坐火车去了梅登黑德。

我知道，到了亚德利家我就安全了。我可以靠在壁炉旁看悬疑小说，和亚德利先生讨论战争还有俄罗斯，每晚 9 点可以按时睡觉。

他们很高兴看见我穿着如此漂亮的军装，并提议吃点食物，再来点咖啡能让我更精神。亚德利夫妇，他们的客人，还有我，围坐在桌边。那位客人是个年轻的姑娘，就坐在我身边。我现在对女人不感兴趣，更别提她是个脸色苍白的金色头发的胖姑娘了。喝完咖啡，我解释说，昨天为我成为一个真正的战地记者的庆祝会结束得太晚，所以我今天不是很在状态。也许躺在摇椅上看会书会让我更舒服些。

我捧着书躺在摇椅里，一会儿就睡着了。10 分钟后我被留声机发出的"沙沙"声吵醒。原来是那个胖乎乎的客人在放蒂诺·罗西（Tino Rossi）的歌。我没有好气地对她说，我非常不喜欢蒂诺·罗西。她看上去好像并不是很胖，也许是她的休闲裤和套衫隐藏了她漂亮的体形。还有，她的头发不是纯正的金黄色，透着点粉红色。我又闭上了眼睛，而她把声音又调高了一些。我再次睁开眼睛的时候，她侧身站在逆光处，一双闪着暗绿色光芒的眼睛，更衬托出那种典型英国式的婀娜和优美。我逃到了阳台上继续"看书"。

我再次醒来时，留声机里的伦巴舞曲映衬着客厅壁炉里炉火的舞步。那客人不知道什么时候换了一件很显体型的黑色长裙。

她对我说："你可以叫我伊莱恩（Elaine）。"看样子我要是继续装睡是不会有什么好下场。还好我不太会跳舞，我还想坚持昨晚那个"不泡妞"的计划。她说希望我不像讨厌蒂诺·罗西那样讨厌伦巴。我对她说我不太会跳舞，为了证明我的话，我主动请她跳了一曲。她说我跳得还说得过去，多练练很快就会跳得很好。我告诉她，过去 10 年里我的舞跳得一直不好。她说她有办法。难道我没有办法吗？

亚德利夫妇下楼了，问我那本书怎么样。我只好说我刚才一直在学习跳伦巴。我还特意补充说，在我要去的那个叫北非的地方，伦巴是毫无用处的。

"如果你连跳舞都没有学会就去北非见上帝的话，那简直太不值了。"这就是那个"粉红色头发"对我的评论。而亚德利夫妇对此也非常赞同。

我们为我即将去的北非喝了一瓶香槟，我的伦巴跳得更好了，我开始叫那姑娘

“粉红女郎”，她也不介意，但不再放唱片了，而是拿起我下午看的书看了起来。而我去放了蒂诺·罗西的歌。

亚德利夫妇笑了，然后知趣地回楼上休息。“粉红女郎”抬起头愤愤地对我说：“你简直就是一个傻瓜。”

我回敬她：“你简直就是在调戏我。”她说我的英语说得更“傻瓜”。我说她的嘴唇有淡淡的草莓味，而她像“带刺的草莓”。

“英格兰基本没有草莓。要是有的话，也是最好的草莓。不管你信不信，我可没有调戏人。”

我知道她不是在调戏我。我很高兴她在这里，而我遇见了她。

电话响了，是找我的。电话是萨伏伊酒店打来的，他们说找了我整整两个小时，美军公共关系部的一个叫克里斯·斯科特（Chris Scott）的上尉每隔 5 分钟就打电话来问找到我没有。我挂了电话让“粉红女郎”开车送我去火车站。

在去火车站的路上，我告诉她，去北非是多么令我兴奋，而在这里遇见她让我喜忧参半。她是那么美丽和可爱，而我像吉卜赛人一样居无定所，又是个随时会有生命危险的战地记者，甚至还是个危险的敌侨！她什么都没有说，把我扔到火车站就头也不回地走了。

年轻的克里斯·斯科特上尉人挺不错，他很抱歉让我在半夜匆匆忙忙地赶回来，其实明天早上也来得及。我告诉他，多亏他救了我，不然我会动摇去北非的念头的。我给他讲了“粉红女郎”的事。

他拿了瓶苏格兰威士忌庆贺我的顺利大逃亡。我告诉他，酒比“带刺的草莓”来劲多了。讽刺的是，他却对我说，他倒是很喜欢那个“带刺的草莓”。我去北非后，他还要留在伦敦。我告诉他，很遗憾，我没有要过她的电话号码、地址和名字。我只是管她叫“粉红女郎”！

克里斯说，真是太遗憾了。而我却发现，即使知道这些我也不会告诉别人，更为没有要她的地址、电话、名字而后悔不已。

第二天一早，我迫不及待地给亚德利夫妇打电话致谢和道别，又装作漫不经心地问起伊莱恩走了没有。亚德利先生告诉我，她进城了，就再也没有接着往下说什么，我也只好就此作罢。

这天搞得我焦头烂额，美国人的意思是，虽然英国人给了我护照，但我作为一个匈牙利人，敌侨，从他们的法律上来讲，即使我穿上了美国军装，下次再回来也要重新签证。

我得坐晚上 7 点半从尤斯顿火车站前往格拉斯哥的火车，然后在那里换船去北非。可是我到尤斯顿的时间太早了。我想可以找个酒吧喝上一杯，为我自己饯行。酒吧里很挤，只有一个空位子，桌子对面孤零零地坐着一位身材匀称的美女，她的头发是粉红色而不是金色的。她抬起头默默地看着我说："我是多么希望你能早点来。"她没说用什么办法查到我要坐的火车的时间。我问酒吧的老板娘要了一瓶最好的香槟。"粉红女郎"为我唱了一首忧伤的法国歌《我期待》。听得酒吧的老板娘也跟着伤感起来。等我们到站台的时候，已经开始上车了。一个海军小子占据了整个车窗，在跟他的妞吻别。火车就要开了，所以我对那家伙大叫道："嗨，分我一半。"

"见你的鬼，我不会和任何人分我的女朋友。"他连头都没有回。

我大叫："我不要你的妞，我要窗户。"

他往边上窜了一下，我刚刚好能挤过去。还是那淡淡的草莓的幽香。我被挤回了车厢，我又忘记问她的地址和电话！

第四章　1943 年春·绝处逢生

我搭乘一艘普通的登陆舰到了阿尔及尔，船上满是新编苏格兰师的新兵，他们是去增援春季攻势的，为了尽快地解放突尼斯。

登陆前，所有人都像我习惯我那与众不同的军装一样，开始慢慢习惯他们的军旅生涯。在船上的时候每个人都期待着能在战争的间隙遇到些有趣的事情和好玩的人，而我和我的口音就是其中的一部分。

这回再没有人让我出示护照，盘问这盘问那，更不会要没收我的照相机了。阿尔及尔公共关系部的军官告诉我，战区在几百英里外的突尼斯山区，下一轮的进攻随时都可能开始。他给我弄来一个行李卷、一辆吉普车，还找来一个司机。就这样，我们出发了，上帝保佑我还能赶上这轮总攻。

当我们日夜兼程赶到菲里亚纳的作战指挥部时，总攻已经开始了。我们的装甲部队已经突破了加夫萨的防线。

没想到这仗打得如此顺利！没招了！我们只能拼命地去追赶第 1 装甲师。用了整整一天的时间，我们在加夫萨抓住了战争的尾巴！不管怎么样，我要好好地睡上一觉，然后去追赶先头部队。

我被安排睡在一个阿拉伯人的校舍里。黑乎乎的教室地板上挤满了“铺盖卷”，只有在墙角那里还有个空位，我就在那里打开了行李卷。没一会儿，我就梦见我在突尼斯的城门口追上了攻城的装甲部队，跳上了冲在最前面的坦克上……我是唯一拍到隆美尔（Rommel）被逮那一瞬间的摄影师……在市中心，突然一颗炮弹爆炸，我的脸被炸焦了……

我疼醒了，脸上火辣辣地疼，使劲想要睁开眼睛，可是怎么也睁不开。一定是刚才做英雄梦的时候受伤了。我大叫起来，然后听见有人走过来。

他一点都没有同情我的痛苦：“你这个笨蛋要干什么？难道你就不知道，在阿拉伯人的房子里靠墙边睡觉就等于喂臭虫吗？”

我只能用手翻开我肿了的眼皮，然后用墨镜把我的脸挡上。我一刻也不想多待了，我出去找我的司机。

我们又开始向前追赶战争，战地记者的生活有时一点也不浪漫，我开始讨厌这场战争了。在荒凉的沙漠中，我们颠簸了几个小时，就没有碰到一个喘气的人，甚至连具尸体都没有，不管是敌军还是我军的，我们能见到的只是德国佬丢下的没有用的烂装备。

我必须停车去方便一下。有了昨晚那事的教训后，我再也不想进阿拉伯人的房子。这附近肯定没有姑娘，而我也不想在看不清楚东西的情况下离我的吉普太远。不远处有一片不错的仙人掌，就是那里了。

那片仙人掌，除了在它阴影的地方立了个牌子外，好像没有什么不对劲的。我走上前去，想看得更清楚点。牌子上是德文，很简单的。我透过墨镜看明白了：小心！地雷！

我非常地镇静，没有再向前走，一动也不敢动。我得想办法离开这里，但是我的任何一个小动作都有可能踩到地雷，也许会引爆整个雷区。我对着司机大叫，告诉他我误入了雷区。他感觉这很滑稽，简直不可思议。可我不这么认为。我不敢按原路返回，因为以我现在的情况，我无法保证我退回去时不踩到地雷。我催他马上去找个工兵来这里排雷。

我就那样站在那里不敢动，保持着我刚解开裤子的样子，在这片死寂的沙漠上勇敢地面对死亡。我被死死地钉在沙地上，背后是那些该死的仙人掌，要是就这么死了，我都不知道他们会怎么写阵亡通知。

我的司机带着那群工兵回来已经是几个小时后的事情了。那群家伙里还混着一个《生活》杂志的随军摄影记者。就在工兵帮我扫雷的时候，那个《生活》的家伙在一个劲儿地拍照片。他告诉我进攻结束了。我才是今天最大的新闻！

隆美尔把他的王牌装甲师希尔曼·戈林（Hermann Goering）调来狙击我们。那些沮丧的战地记者都去了一个距离加夫萨几英里的小绿洲安营扎寨。

晚上回到随军记者营地的时候，我的故事已经传遍了整个营地。上峰还没有批准记者们报道停止进攻的消息，这个当口我的故事成了“回国信函”部门收到的最热门的话题。看着他们给妻子、情人写信，我也开始想念“粉红女郎”。我无法给她写信，因为我根本就不知道她的地址。我今天的经历糗到了极点。

半夜的时候，配发给记者营照明用的发电机才开始连咳带喘地工作。连日的劳累让我们不得不屈服，我要找一个既没有臭虫也没有地雷的地方，好好地睡上一觉，我可不想再做那些该死的“梦”了。可是我又做了一个梦：红色和绿色的火焰挂在漆黑的夜空中……红色的子弹……炸弹爆炸的火焰……各种稀奇古怪的东西。我在睡袋里翻了个身继续睡。

第二天一早醒后，我发现我的帐篷不见了。原来昨天晚上营地被轰炸了，所有的帐篷都被炸弹的冲击波掀飞了，还好没有人受伤。我又成了人们羡慕和崇拜的偶像，因为整个轰炸过程中我一直在呼呼大睡，根本就没有醒。昨天在雷区的事已经不算事了。

《时代》杂志的比尔·朗（Bill Lang）和被称为“美国大兵的自由记者”的厄尼·派尔（Ernie Pyle）[1]，都是混在北非的“老油条”。我上了他们的吉普车，因为他们保证能找到既安全又有足够的战争素材可拍的地方。这次路程不远而且很好走。我们准备赶往埃尔瓜塔尔，在那里，第 1 步兵师正在对付德国佬主力的反扑。

还没到前线我们就遇到了战事，德国佬的飞机每隔几分钟就对我们这条路进行骚扰，我们不得不每隔一会儿就跳下吉普车，躲进壕沟或寻找掩体。

这个过程挺刺激的，可是我一张照片都没有拍到。

比尔和厄尼在师部停了下来。我急着要去拍照片，准备把他们先撇下自己出发。他们告诉我向前走，翻过两座小山，隐蔽在山脊之间的洼地里。你要是在那里问他们一句哪里在打仗，他们会说：“你来得正是时候。”

我终于找到了山脊和洼地。第 16 步兵团在那里挖好了掩体，美国大兵们都待在散兵坑里写信或者是看廉价的口袋书。我问他们前线在哪儿。他们指向前面的山脊，而当我赶到山脊的时候，他们又指向前面的洼地。

最终，我爬到了最后的也是最高的山顶，那里坚守阵地的是 50 多个美国大兵，根本没有人在意我的出现，他们只想找个舒服的姿势边歇着边加热 C 口粮罐头。我找到了他们的中尉问哪里才是战事的最前沿。他回答说：“我们这个排就是最前

1　二战战地记者，1944 年以战地新闻获得普利策奖。他亲自参加过两次世界大战，以其人性与温暖赢得了全军的尊重与喜爱。代表作有《厄尼·派尔在英国》《这是你的战争》等。——编者

沿了，但是战事就不好说了。”

他塞给我一个C口粮罐头，好像这个能安慰我失望的心情一样。就在我准备吃那糟糕透顶的“杂碎”的时候，一颗炮弹呼啸而过，我扑倒在地，肉、豆子、肉汁溅了我一身。那发德国佬的炮弹落在了几百码外的地方。我抬起头的时候，中尉露出那种让我鄙视的得意，就在那里一动没动朝下看着我。我窘迫地爬了起来，拍打掉身上的豆子，对他说，从我这个角度看，这场战争就像一个被岁月不断无情鞭挞的女演员，积怨太深，越来越危险，越来越不上镜。

第二声呼啸跟了上来，中尉也狼狈地扑倒。德国佬开始动真格的了。他们先是炮轰，然后是50辆坦克和两个步兵团一起往上冲。不过等他们到了山脚下就完全暴露了，我们把自行反坦克炮开了出来，痛揍了他们一顿。

有3位将军来前线观战，给炮兵鼓舞士气。他们是指挥第2军的巴顿（Patton）[1]，指挥第1师的特里·艾伦（Terry Allen）[2]，还有泰迪·罗斯福（Teddy Roosevelt）。每击中一辆德国佬的坦克，戴着三星头盔的巴顿都会兴奋叫好；特里·艾伦便对着步话机亲自指挥；泰迪·罗斯福激动地挥舞着他的手杖。

仗打到黄昏，德国人撤退了，扔下了24辆被炸毁的坦克和一大堆德国鬼子的尸体。

我拍了各种各样的照片，烧焦的大地、弥漫的硝烟、将军们，但是没有任何一张能表现出我所看到的那种紧张、激烈的感觉。

我们向海边和突尼斯的进攻受阻，但是德国人的反扑也没能得逞，加夫萨还在我们的手里。第1师在埃尔瓜塔尔的群山里打了3个星期，每天我都看到同样的焦土、硝烟和死亡。

日落后我们得返回记者营地。文字记者们都在拼命地敲他们的故事，我把白天拍的照片寄了出去。当我们沉醉于阿尔及利亚酒的时候，没有人聊白天的事。“家里的女人”才是永恒的话题。每个人提到自己的女人的时候——永远都是世界上最

1 小乔治·史密斯·巴顿（George Smith Patton，1885—1945），美国陆军四星上将，第二次世界大战美国著名军事将领，一生获得勋章无数，代表作《狗娘养的战争》。——编者

2 美国陆军第3军第1机械化步兵师师长，该师因其在美军陆军史上占有多个“第一”而被称作“大红一师”（Big Red One）。——编者

美、最性感的女人。然后，每个人都会拿出一张模糊到看不清的照片来证明自己说的才是真理。

我只是简单地告诉他们，我的姑娘有漂亮的粉红色的头发。

那帮迂腐蠢笨的“敲字工”们本听惯了谎言并沉迷其中，此时却爆发出阵阵令人厌恶的笑声，他们说从没有见过粉红色头发的姑娘。难道我应该和其他人一样吹嘘说她的头发是金黄色、褐色或者是红色？我只是没有照片来证明我说的话罢了。

几天以后，从阿尔及尔来的邮差给我带来了一个包裹，里面是用棉纸包着的一个有粉红头发的英国娃娃。从那以后，他们都相信我有一个粉红色头发的女人了。

日复一日地在埃尔瓜塔尔的群山里不停打转，拍同样的照片，这种毫无意义的例行公事既危险又令人沮丧。因此当接到坐飞机兜风的邀请时，我欣然接受了，这意味着我可以继续去玩扑克牌，再也不用整天爬山了。向我发出邀请的是我的老朋友毕晓普中尉，他来信说，他们的 301 轰炸大队，奉命来到北非，也可以带战地记者四处兜风。

空中堡垒们伤痕累累，飞行员的脸上和身上贴满了胶布和勋章，只有玩的扑克游戏没有变化。我也还是老样子，头一天晚上就输得很惨。

第二天早上，我们接的活儿是去轰炸那些集结在比塞大港的德国军舰。我上了杰伊中尉（Lieutenant Jay）的飞机，他是昨晚牌桌上最大的赢家，我想他会很小心地保护自己的飞机。

我们这架空中堡垒的名字叫“呆子”。毕晓普的“小妖精”在我们的右翼，我们两架飞机的翅膀都快要碰上了。碧空万里，在空中堡垒上除了有点沉闷，其他的感觉好极了。氧气瓶治好了我们的宿醉和其他不适，2 万米高空的冷空气和地面的炙热相比，也舒服得多。

飞到目标上空的时候一切变得热闹起来，连空气都变热了。高射炮吐的黑烟在我们下边编成了一个巨大的毯子，我们不停地摇晃。直到飞到目标的正上方后敞开肚皮，我们一直保持着整齐的编队。这时毕晓普对着步话机大喊：“高低阵型！”我们马上散开，转向，俯冲，跟着拉升。被我们甩在身后的是高射炮的小团黑烟和军舰爆炸升起的大团浓烟。我们低空掠过海面，摘掉氧气罩，双眼也不用再盯着下面。所有的阴云全部散去，我们开始互相开玩笑。

所有玩牌的人都回来了，我们继续玩牌。我没能赢回我输掉的钱，但决定多待一天。我飞了5天，突尼斯、那不勒斯、比塞大，我的运气一直都不错。接着，我们来新活儿了，巴勒莫[1]。那里的高射炮比以前的都厉害，而且还有两个已经升空的德国战斗机编队在等着我们。起初它们看上去像我们上空的银色小亮点，然后晃动着闪闪发亮的翅膀俯冲下来，一转眼变成一大群丑陋的会喷火的大怪物。他们的子弹像锁线机一样精准地在我们的机翼上撕开了一条口子，“呆子”几乎被打掉。在我们快跌到了海平面的时候，杰伊中尉才把它拉起来。幸好，我们还有3台引擎能正常干活，没费太大的事就返航回家了。

大多数的飞机都在我们前面回来了。我们在停机坪上等待着其他没有回来的伙计，直到入夜。有一个伙计没能回来，当晚我们没有玩牌。

第二天我离开了轰炸大队，由于漂亮地完成了5次深入敌占区的轰炸任务，他们为我申请了空军奖章。我只差一点就可以得紫心勋章了——就因为我玩了5个晚上的牌。

就在我跟着空中堡垒飞的那几天，我错过了地面部队解放突尼斯的最后进攻，德国佬的防线瞬间土崩瓦解，我们的军队进驻了突尼斯。

胜利的喜悦令人沉醉，同样也令人精疲力竭。那天我们在突尼斯的大街上被无数的老女人亲吻，喝掉了无数的酒。我们在一栋摩登大厦里找到了一套非常棒的公寓，搞定了我的报道后，开始了真正的庆祝。我们从一个盖世太保的地窖里搞到了充足的好酒，它们足够滋润我们不停高歌的嗓子。

庆祝到半夜，有人敲门，一个表情严肃的法国先生走了进来。他大叫：“先生们，这3个月你们每天晚上都来轰炸我们。没办法，战争就是这样。但现在战争结束了！我的妻子和小女儿想安安静静地睡个好觉！”

我们给那个勇敢提意见的法国人灌下了一杯德国白兰地，并保证明天一定结束“战争”。我从包里翻出那个粉红色头发的娃娃给了那个法国人，算是给他想安稳睡觉的小女儿的补偿。

庆功酒的宿醉来得更厉害、更痛苦。我们的战争告一段落了，我们的酒却被彻

1　意大利西西里首府，是地中海最大的岛屿，也是个地形险要的天然良港。——编者

底地消灭了。遗憾的是突尼斯大街上再也看不见漂亮的姑娘了，她们都被她们的爸爸锁在了闺房里。

我们正在准备的早餐是热咖啡和 K 口粮，比尔 · 朗把我拉到一边。他说他得到消息，下次进攻至少是 4 个星期以后的事情了，这场战争还很漫长，让心爱的女人单独留在伦敦承受相思之苦是件很危险的事情。然后，他诡秘地补充说，5 天后有艘船回英国。

两天后，我坐到了英国驻阿尔及尔的领事馆的接待室里。领事是个典型的乏味文官。他显然已经厌倦了法国人、阿拉伯人，显然也不是很想跟美国佬打交道。

“你是美国人。你是军人。你有通行证。你不需要签证。”

“我不是美国人。我只是个随军记者。我需要签证。”

他看了一遍英国驻纽约领事馆给我拼凑的证明文件。他连眼皮都懒得眨一下，乏味地说：“这非常不规范，我们一些领事馆人员处理事情的方式随意到让人难以理解。你想回英国去做什么？”

“纯粹是个人感情方面的事，先生。”

“我批准你 4 个星期。手续费 1 英镑 10 先令。”

第五章　追赶战争

几经周折，16 天后，我和比尔·朗终于在星期天的早上在利物浦上了岸。我们下午才到伦敦，随后就开始各忙各的。比尔住进了最好的酒店，而我坐火车赶往梅登黑德。

和上次一样，也是星期天，亚德利家看上去和 6 个月前没有什么变化。只是这次我敲门的时候有些急切，亚德利先生开的门："你刚好赶上下午茶。"

客厅的壁炉里炉火正旺。有位客人在，但不是"粉红女郎"。他们问我北非的战况如何。我告诉他们那里极度无聊，战事令人厌恶。他们更为坦率地告诉我，英国的战事也好不到哪儿去。亚德利夫人注意到我一直徘徊在留声机旁，漫不经心地问："你的伦巴现在跳得怎么样，在北非有没有时常练习？"

"我想我还需要多上几堂课。"我有些言过其实。

"我有个好办法能让你多上几次课。"

话题就这样中断了，但是我莫名其妙地感觉好多了。我们谈论天气和食物的配给。趁着聊天的间隙，我拿了一张蒂诺·罗西的唱片，转向亚德利先生问："对了，那个很喜欢听这张难听的唱片、头发上带金黄色的姑娘最近在忙什么？"

"伊莱恩·帕克（Elaine Parker）？不知为什么，近来她好像不喜欢听这张唱片了。她今天本来想来这里的，但今天是星期天，她晚上要值夜班。她在情报处工作，你是知道的。"

晚饭后，我说我要赶回伦敦去。其实也没人打算挽留我。不知道为什么，我突然感觉，从梅登黑德到伦敦的路程，比北非到伦敦的路程还要漫长！

我在火车站给情报部打了个电话，得知帕克小姐在美国部工作，凌晨会来值班。还有两个小时……

我在克拉里奇酒店找到了比尔，他已经在那里搞到了一间有两个卧室和客厅的套间。他女朋友的电话整天都没有人接。所以他以为我的运气也不会好到哪里去，他用期待的眼神望着我，并提议我和他分享他那一大瓶威士忌。

我说："我午夜还有个约会。"

接着，我就去清洗身上半年来在北非积攒的焦土。午夜的时候，我要了那个分机号。接着听到：

"美国部——我是帕克小姐。"

"你的头发是什么颜色的，帕克小姐？"

"你是谁？"

"你最喜欢谁的歌，帕克小姐？"

"你在哪里？"

"我想我这会儿正深深地陷在情网里。"

"那有什么不好吗？"

"15 分钟后我在你们的餐厅等你。"

她走进餐厅的时候，我正站在吧台前，双手支着脑袋，眼睛盯着面前的酒瓶发呆。她直奔我走来，把胳膊支在吧台上说："你好。"

"你的头发还是粉红色的。"

"如果你再让我等久些，它们就变成白色了。"

"你在等我吗？"

"不，我已经嫁人了，是 6 个孩子的妈妈了。"

"那么希望他们长得都很像我。"

酒已经勾不起我们的兴趣了，我们转身走出餐厅，围着大楼漫步，她回去上班的时候说："明早 8 点在门口等我。"

早上 8 点，伦敦街头空荡荡的到处都是灰白色，我们找了一家茶餐厅，她叫了熏肉、土豆、茶，还有吐司。我们两个突然变得有些羞涩。

"你是因为我在等你才回来的吗？"

"是的。"

"你会留下是吗？"

"不会。"

"你喜欢熏肉和土豆吗？"

"我很想留下。"

我告诉她，我是必须要回去的，但是我会回来看她。我解释说，除了战争中那些不可意料的事情外，我的未来是什么样的我没想过，我也没有想过明天我身上会发生什么。

“我漂亮吗？”

“谁说的？”

“那些经常围着我转的人说的。”

“那你为什么还等我？”

“一见钟情吧，老天注定的。”

“你不会是又在捉弄我？”

“结账吧。”

现在是早上9点，我得去《科利尔》的办公室一趟，告诉他们我要休7天假。粉红女郎表示她能陪我一起休假。于是，我们漫步走向萨伏伊酒店。

《科利尔》的办事处还在那里，可是昆廷已经被调离了，接替他的那个人说，纽约总部有封电报给我。那电报上确实是我的名字和地址。内容是这样的：

> 你拍的北非的照片很棒。陆军部要求征用。但你把照片提供给报纸的行为让它们在我们发刊前就满天飞。抱歉召你回纽约，我们会支付路费外加3周薪水。
>
> 《科利尔》纽约总部

我把信从头到尾看了3遍，然后递给粉红女郎。我问那个接替昆廷的人，他是什么时候收到这份电报的。他告诉我说：“今早刚收到的。”我问他有没有别人看过这封电报。他说绝对没有。我的第一反应是，如果我丢了这个工作，我就不再是战地记者了，就只能回美国；而以我现在的身份，我就只能待在纽约，再也别想去任何地方了。我必须在军方知道我被炒鱿鱼之前给自己找个新东家。我向《科利尔》的那个家伙说了我的处境。他很同情我，但说很遗憾帮不上我什么忙。我求他把这封电报扣到中午，好让我有时间去其他杂志社碰碰运气。他虽然不太情愿，但还是默许了。

“你快去吧，我就在这里等你的好消息。”粉红女郎也很急切。

我叫了辆出租车直奔《生活》杂志社。

我和《生活》杂志社的关系很一般。在为他们效力的6年里，他们炒过我两次鱿鱼，我也炒过他们一次。但他们伦敦办事处的头儿克劳琪和我的私交甚密。见到我的时候，她很高兴，听了我的处境后她似乎并不惊讶。她告诉我，想立刻让《生活》杂志变成我的新东家不现实，一旦纽约方面知道我又离开《科利尔》，他们会认为我狂放不羁，难以驾驭。但也不是没有办法，有消息称，在地中海沿岸，军方正在酝酿一次大的行动。如果我能在军方得到这个消息前赶回北非，而且能抢在其他同行前拍到最新最好的照片，事情就会有转机。一切看似极其简单（除去所有困难的环节）。但也没有别的更好的办法了，只能是死马当活马医。

克劳琪又给《生活》纽约方面发了电报：她听到传闻，卡帕在《科利尔》干得很不爽，如果有机会就挖他回来。

我叫了辆出租车返回萨伏伊酒店，我进《科利尔》的办公室时，粉红女郎焦急地坐在电话机旁的办公桌那里等电话。那个看上去几乎要崩溃的《科利尔》的代表待在另一个角落里。

我告诉他，只要你24小时内不将电报的事情通报给军方，我就让他做我孩子的教父，并保证会搞定一切。他给我的回答居然是："我可以答应你72小时内封锁这个消息，但是你们现在必须马上滚出去。"

我和粉红女郎说起过的那家伦敦最好的酒店布莱斯廷，就在萨伏伊的附近。我们选择了在那里共进午餐，布莱斯廷的法国香槟美味依旧，我提议为了预祝我能逃离困境干一杯。

"什么时候走？"

"没办法，今晚必须走。"

她的双眼如含着晶莹的香槟。我对她描述了我和《生活》杂志的克劳琪的计划，还有我会通过空军公共关系部的朋友克里斯·斯科特搞到回北非的机票。饭后，我给空军公共关系部打电话，才知道克里斯·斯科特已经调到北非去了。

粉红女郎咬了两下自己的小手指头。

"这个问题我去搞定。"

她让我先把护照的事情搞定，然后5点半在梅菲尔俱乐部见面。

对于我这个星期天才上岸星期一就要返航的人，出入境管理处的官员非常怀疑。我告诉他我不能给他任何解释，因为这涉及军事机密。这招很管用，我再也没有遇到任何麻烦。

粉红女郎 6 点才赶来，点了杯喝的后说道："机票搞到了，你现在就走吧。"

我必须在 6 点半前赶到机场。我对她许诺会尽快回英国来看她。

"好啊，你最好是这样。"

"今晚你会干什么？"

"你这个没有心肝的匈牙利蠢货！为了今晚你能顺利脱身，我一会儿得陪那个帮你弄到飞机票的军官吃晚饭。"

她轻轻地吻了我一下，然后离开了。

在回北非黑暗的机舱里，我确定我深深地爱上了粉红女郎。这次我牢牢地记住了她的名字和地址，还珍藏了她的照片。

第六章　一见钟情

从天上往下看，本就是白色的阿尔及尔，现在白得有点刺眼。蓝色的港口塞满了大小不一的各种船，现在居然变成了黑色的了。

在艾森豪威尔（Dwight D. Eisenhower）的公共关系部，新闻发布厅里早已是人去楼空，连新闻发言官都走了。我想搞明白到底发生了什么事情。可是那几个留守的家伙自己都搞不太清楚。只知道公共关系部的军官们都在艾森豪威尔的指挥部。我让他们帮我找个直线电话，他们给我的回答是不可能，因为从昨天开始总部就静默了。

根据这些情况，我得出的结论是下一场战役随时会打响，这远比我预料的快得多。我将被这该死的战争丢下，不会再有什么独家报道，也不会再有什么新工作。我被炒鱿鱼的消息马上就会传到阿尔及尔，我却自投罗网。机关算尽，到最后还是鸡飞蛋打。我会在这里被直接赶回老家，想再去伦敦是不可能了。

我像个游魂一样在公共关系部里到处转悠，寻找绝处逢生的机会。结果在一个想不到的地方，我真的找寻到了奇迹。我在厕所里碰到了一个同行，他绝对是个最倒霉的战地记者，C 口粮引发的腹泻让他看上去很痛苦。但实际上他拉肚子拉得比看上去严重得多，他只能待在厕所里。他告诉我，他被选中跟随空降师一起执行这次进攻任务，为了这次任务他训练了好几个月的跳伞。但现在他拉肚子拉到只能待在厕所里，最后只好被送了回来。

这个拉肚子事件对我来说倒是个绝好的机会。我问他，我通过什么渠道才能顶替他去完成这个任务。他发了一条信息和空军总部进行了协调，总部说会派架飞机来接我。而他对整件事表现得很豁达，反正他也不喜欢跳伞。就这样，我到了一个临时的大型机场，它位于突尼斯沙漠中部，靠近凯鲁万。那里整整齐齐地停放着数百架整装待发的运输机和滑翔机。

我被带到了公共关系部的帐篷，碰巧遇见从伦敦调来的老友克里斯·斯科特上尉，他现在是第 9 运输队的新闻发言官。我给他讲了我这一路的故事。

“好了，卡帕你这个敌侨，你还在追求那个粉红女郎吗？”我将粉红女郎的照片拿给他看，他看了好一会儿后：“真是不幸啊，这次空降简直就是去送死。我是真不愿意飞回伦敦给粉红女郎报丧！不过为了卡帕你，我就勉为其难了！”

就这样，我被带到了第 82 空降师的总指挥李奇微将军[1]那里，他非常友好。

“只要你愿意和我的士兵一起跳伞，并在战场上给他们拍照，我才懒得管你是匈牙利人还是中国人，或是其他什么人！你跳过伞吗？”

“没有，长官。”

“哦，这好像不太符合规定，但其实也没什么大不了的。”

回去后，克里斯和我说了所有的战略部署。在主力抢滩登陆前 6 小时，我参加的第 82 空降师将被第 9 运输大队空投到西西里岛。也就是我们要于凌晨 1 点在目标上空跳伞，那些驳船将在拂晓时分进行登陆战。

克里斯给我出了个主意，他安排我待在领航的飞机里，用闪光灯拍飞行的过程以及伞兵跳伞的瞬间。这样我自己就不用跳了，跟着领航机回来就行了。在某种意义上说，我拍到了第一个跳伞的人，就等于拍到了第一个登陆西西里的美国大兵。领航机凌晨 3 点会返回基地。我可以马上把照片冲出来，然后用无线电发回美国，这样这个新闻就会在战役序幕拉开之前传到美国！到那时，我的照片将登上头版头条，让整个新闻界为之震动。

这个计划环环相扣，完美极了，我真的开始喜欢克里斯了。

没一会儿，我们就被叫去参加作战会议。作战参谋向飞行员和伞兵军官们阐述不同的战术要求。他们还说，飞抵目标上空时，等待我们的会是高射炮和德国佬。在那里，我们会“魂不附体”的。他们确定每个人都明白自己该干什么之后，把我们塞进卡车，运到早就等在那里的飞机上。

克里斯和我道别时说，他会在机场等我回来。以防万一，我给了他粉红女郎的地址，但没有把照片给他。就这样，我们出发了。

飞机上坐了 18 个伞兵。因为不用跳伞，我坐在了靠近驾驶室的那头，这样一会儿他们跳伞的时候我绝对不碍事。飞行途中灯火管制，一片漆黑。等到了目标上空的时候，我可以打开闪光灯拍照，但那会儿肯定会有足够多的烟火，而我的闪光

---

1 马修·邦克·李奇微（Matthew Bunker Ridgway，1895—1993），美国陆军上将，1942 年任第 82 步兵师师长，主持将该师改编为空降师，协助策划了西西里岛登陆战役。——编者

灯在烟火表演中是微不足道的。

我们从超低空穿越地中海，飞机摇晃得厉害。黑暗的机舱里异常沉闷。绝大多数小伙子在睡觉，不过也许只是闭着眼睛罢了。

没多久，我就听见一些小伙子发出那种熟悉而又陌生的声音。我想他们开始“魂不附体”了。

只有坐在我身边的那个小伙子一直很安静，其他的都在剧烈地呕吐。他突然转头问我：“你真的不是当兵的？”

“对。”我回答。

他把头转了回去，沉思了一刻钟又问我：“你的意思是如果你不想来，没有人可以强迫你来？”

“对。”可是我对自己默默地说，如果你知道我的处境就好了。

他再次陷入沉思，但是这次的时间很短：“你是说如果你想的话，你今晚可以飞回美国，而不是来这里？”

“不是不可能的。”我说。

他突然直截了当地问：“你这么拼命能拿多少钱？”

“一个月 1000 美元。”我骗了他。

那之后，他就再没有工夫想我的工作了。我们的目标出现了，它被燃烧的房子和其他光照得透亮。我们的轰炸机编队半小时前在这里转了一圈，德国佬的接待人员貌似印象深刻。

可惜的是，轰炸机编队这一圈转得还不够。德国佬打上来各种颜色的曳光弹[1]，布满了整片夜空。我们的飞机左冲右突，在曳光弹的空隙中游荡。

机舱上的绿色跳伞指示灯亮了。小伙子们都站了起来，拉直他们的开伞绳。我也跟着准备好了相机。指示灯变成了红色，坐我旁边的那个小伙子是最后一个跳的。他对我大喊道：“伙计，我不喜欢你的工作，太危险了！”然后他也跳了下去。机舱里就剩下我自己。

我无比孤独地呆坐在那里。狂风从舱门中呼啸而入，那 18 根被拉断的开伞拉绳在风的鼓动下跳着狂傲的舞蹈。我本来应该和他们的主人一样，和那些兄弟们一起穿过黑暗的夜空飘下去。

---

1 装有发光药剂的炮弹，发射后可发出红色、黄色或绿色的光，用来指示弹道和目标。——编者

克里斯真的在机场等着我，他在一个小帐篷里搞了个临时的暗室。漆黑的帆布帐篷密不透风，闷得简直无法呼吸。为了保持显影液的温度，克里斯下令去管理食堂的中士那里搬了两大块冰来。中士对此耿耿于怀，因为那是明天做冰淇淋用的。

工作的时候我们热得根本没法穿衣服，没一会儿，汗就不停地往显影液里嘀嗒。等我们冲出第一卷胶卷的时候，那两块冰已经化了。一打开帐篷，黎明前沙漠的冷风扑面而来。我们套上湿乎乎的衣裤，跳上了帐篷前的吉普。克里斯把油门踩到了底，它像脱缰的野马一样沿着空无一人的马路奔向突尼斯。那里有一个临时的战地记者营地，为了报道西西里大战，那里配备了好多的无线电设备，当然还有新闻检查员。

在黎明的曙光之中，路面上铺满的弹痕让克里斯分身乏术，而我则在曙光中翻看自己的照片。有的有点虚、有的曝光不足，构图更谈不上是艺术品了。但是，它们应该是目前为止西西里战场上的最早的照片了，而那些从海路出发的伙计们要过几天才能把资料从海滩送回到营地来。

7 点半，我们到了突尼斯。新闻检察官给了绿灯，批准用无线电把我的照片发出去。我们走进记者营地的食堂时，大喇叭里正在广播，我们对西西里的攻势已经正式拉开。那些记者听到这消息欢呼雀跃。我平静地告诉他们，我刚刚从那里赶过来。作为消息的第一来源，我立刻被围了起来。他们想从我身上榨取每一滴有用的东西，我也乐于讲述这次非比寻常的飞行经历，分享我能回忆起的每一个细节，当然包括小伙子们的心理动向以及他们的胃肠动向。

我被老记们围捕的时候，克里斯溜出了食堂。等我想要对刚搞到的两个新鲜鸡蛋下手的时候，他站在食堂的门口，手里握着张电报向我打手势。很明显，那电报比鸡蛋更有吸引力。

来到门口，克里斯说："伙计，给你这个。"他把发黄的电报给了我。那电报很短：

> 阿尔及尔电，《科利尔》杂志告知罗伯特·卡帕不再是他们的人，命他见报即返。

我崩溃了。我第一时间拍到的照片，现在屁用没有！那个该死的图片共享联盟不但害得我被《科利尔》炒鱿鱼，还会半毛钱都不费地就用我的照片，而且还是很大幅的。更可气的是，他们现在可以连我的名字都不用署了！"混蛋！我要回去把我的鸡蛋吃完。"我气急了。

“老兄，等一下，你想再玩一次跳伞吗？今晚的任务是空投增援的伞兵部队。如果你和伞兵的弟兄一起跳，那帮家伙至少有几个星期找不着人的。也就是说明天早上我才会收到这份电报。”都这时候了，谁还会管什么鸡蛋。克里斯飞车送我回营地，增援部队正在营地准备当晚的任务。

克里斯没费什么事就把我带了进去，我一说明来意，他们就塞了个降落伞给我。半夜的时候我们起飞了。24 小时内，我第二次飞去西西里。这次我终于打扮得和那些伞兵兄弟一样了。渐渐地，我发觉自己的灵魂和他们也是一样的。而关于跳伞，我知道的只有：左脚跨出舱门，然后开始数 1000……2000……3000，如果伞没有打开，就要拉控制杆，打开应急伞。我太累了，什么也想不清楚，其实也不愿意去想，然后我就睡着了。

即将到达跳伞区域的时候，他们把我叫醒了。轮到我跳的时候，我左脚跨出机舱，跨进了暂时主宰着一切的黑暗中。我还没来得及清醒过来，也根本没有想什么数数的事情，而是大叫：“那个被炒的战地记者跳下去了。”我的肩膀突然感觉被猛力地向上一拉，想必是我的伞打开了。“被炒的战地记者摔不死了。”这让我很是高兴。可是不到一分钟的喜悦后，我遇到了新的麻烦，我落在了林子里的一棵树上。

直到天亮前，我一直都挂在这棵树上。这下我的肩膀算是知道了平时胯骨遭的罪了。子弹在我的身边不停地呼啸而过，我根本不敢呼救。这个当口我这倒霉的匈牙利口音，非惹来双方士兵的怒射不可。是哪个将军说的来着？非常时期，就不能按常理出牌。

天光大亮的时候，3 个伞兵弟兄发现了我，割断了降落伞，算是把我从那棵树上救了下来。在这不短的时间里，我对它还真有了些感情。离开前，我对我的树道了别。

我们的四人小分队并不急于与敌人交手，而是谨慎地在树林里前进，每一步都要顾及各方的感受。即将到树林的尽头的时候，我们更加谨慎了，因为要顾及的更多了。在最后那棵树后，我们发现前方开阔地纵深 200 码的地方有一个小小的西西里农舍。我们以最标准的匍匐动作慢慢爬到农舍。我的 3 个队员在最有利的地形上包围了它，手里的冲锋枪也都顶上了火。作为小分队里的语言专家，我手里又没有真家伙，敲门的任务自然落到了我的头上。

一个穿着长长的睡袍的西西里老农开的门。他那表情好像我真的是天降神兵一样！我的伞兵服他绝对没有见过，但是我们肩膀上的美国旗标志有谁不认识呢？不过，我的这个稍微带有地中海特征的深颜色面孔让他很是兴奋，他一下把我搂在怀里兴奋地大叫：西西里人！西西里人！我的伞兵兄弟们背起了冲锋枪，迅速地闪进了农舍。意大利语我根本就说不明白，只能蹩脚地对付一下。我想告诉他，我的曾祖父是西西里人，但其实就是鸡同鸭讲！有一个词他反复说了好几遍“布—鲁—克—林”。我的一个伞兵兄弟弄明白了，他指着自己说：“我是布鲁克林人。”

这下沟通顺畅多了，我们很快有了共识：美国人爱西西里人，西西里人也爱美国人；美国人痛恨德国人，西西里人同样也痛恨德国人。就这样我们进入了正题：我们在哪儿？德国人在哪儿？

我们把丝绸做的进攻地图摊开。那个西西里老农开始不停地赞叹地图的质地，然后将大拇指按在内陆的一个岔道口上，那地方偏离我们的集结地 25 英里左右。他说：“昨晚有德国人的部队向海边的那条路开进，他们没有停。”所以，西西里老农认为这一带应该没有德国人了。

老农给我们弄了一些吃的，还有酒。我们潜回森林里，白天睡大觉，晚上出来炸炸桥什么的。就这么过了 3 天。第四天，第 1 师的先头部队撵上了我们，我军的军威在他们身上彰显无遗！我这个摄影记者虽然错过了整个战役。但是我拍到了我的珍宝——那个西西里老农。

接下来，西西里战役变成了一场为期 21 天的撵兔子比赛！跑在最前面的是意大利佬。他们不仅害怕美国人，也害怕他们身后的德国佬，而且他们跑得毫无章法。德国佬比意大利佬跑得慢，他们撤退得还算有序。离我们最近的就是那些姥姥不亲舅舅不爱，和我一样的敌侨，在路上时不时地就能逮上几个。而在后边驱逐他们、拼命追击的是巴顿的坦克军团和那些大家伙隆隆地卷起的尘土！

接下来的日子中，我拍了很多让人兴奋不已的照片。但是要想这些照片通过政审，然后顺利地在国内发表的唯一途径，就是我一直在逃避的公共关系部。另一个非常规渠道就是图片联合体，他们知道我被炒掉了！通过他们，只能是越帮越忙！拍完的照片就堆在我的袋子里，上帝知道哪天它们才能发表！

不到 3 周时间，我们把阵地推进到了这次战役的主要目标：巴勒莫的市郊。德国佬这次跑得很快，剩下的意大利部队更是无心抵抗。我的吉普车跟着第 2 装甲师先头部队的坦克进了城。进城的道路两边围着成千上万狂欢的西西里人，他们挥舞着自己做的白旗和“美国国旗”。很显然，这星条旗的星和条很不地道。看样子好像他们每个人在布鲁克林都有个表弟什么的。

狂欢的人们都把我当成了西西里人。男人们跑来和我握手，那些上了年岁的老女人挤过来吻我，而我的吉普车却成了女孩子们装水果和鲜花的篮子。这么一忙活，搞得我根本没法拍照！

就这样，我们一枪没放就到了巴勒莫的城门下。先头部队的坦克中尉用无线电跟总部联系，等待下一步的指令。总部一听说城里没有遇到抵抗，居然命令我们停下来，等躲在指挥所里的将军们来了才能进城！我们除了骂人也只能在那里等着。不一会儿，军长凯斯将军（General Keyes）在一帮副官和数不清的宪兵保护下出现了。宪兵不愧是宪兵，立马掌控住了场面！什么坦克、士兵、战地记者，统统不许靠近！

凯斯将军让宪兵把几个正在参加庆祝的意大利警察带到跟前。凯斯将军对他们说：“我对你们的过去不感兴趣，也没有那个时间去调查，我想要的是驻防在这里的将军！”这些警察根本就没有明白怎么回事，只是一直点头说“Yes，yes”，但就是谁也不动。将军怒了！要找一个翻译。这事没有我是玩不转了！我大体上把将军的意思传达给了几个警察。我告诉他们说：“将军爱好和平，不想再看见这个城市流血，但是驻守这里的意大利将军必须出来向所有人宣布投降。”这次他们听懂了。点头说“Si，si”后，和两个宪兵爬上吉普车奔向市中心。

一刻钟后，那辆吉普回来了。车后座上一位垂头丧气的意大利将军夹在两个喜气洋洋的意大利警察中间。凯斯将军让那个直冒汗的意大利将军上了他的指挥车，并回头再次命令宪兵：“没有指令不许任何人靠近。”他的车上升起了意大利驻军投降的白旗，这看起来就像他一个人兵不血刃地就收复了巴勒莫！

我想我的受降仪式结束了！但就在将军的车要开走的时候，他转过身对我不容置疑地命令道：“翻译，就是你，一起来。”

我们驶向司令官的官邸，在院子里下了车。凯斯将军要求意大利将军立刻无条件地交出巴勒莫的所有指挥权，包括军事区和非军事区。我把将军的话用我流利的法语转述给意大利人，意大利佬听懂了我的法语，用更为流利的法语回答我，他也很愿意那样做，可这有些不可能。4 个小时前，他就已经向从另一个方向进城来的美国步兵师投降过一次了。

凯斯将军对他的迟疑已经明显不耐烦了："士兵们，别再和他多废话！我要的是无条件投降！立刻！马上！"

我告诫那个意大利佬说："这次投降不会比第一次投降难！另外你要搞清楚，凯斯将军是军长，他有权赶走你的勤务兵，没收你的所有个人财物，而且可以把你踢到集中营而不是战俘营。"听完我的话，他立刻开始用法语、意大利语和西西里语表示投降，并不停询问他的妻子能否和他待在一起。

我自认为这高级翻译的工作结束了，便回去拍照片。投降仪式结束没一会儿的工夫，那意大利佬就被带走了；绝对是享受他的战俘生涯去了，一个人两手空空！

接下来，军队涌进巴勒莫。厄尼·派尔坐在第一辆冲进城的吉普上向我挥手，大叫："你，该死的敌侨！整个公共关系部都在到处翻你！"

在巴勒莫，我是没有什么可以庆祝的。要想把胶片寄给《生活》杂志，除了交给厄尼也没有什么别的办法。事情到了这个份儿上，他们之前的决定都是白费的，我想只要这些照片往那里一摆，上帝也会激动不已的！

不管用什么办法，我都得尽快离开巴勒莫，哪怕是用腿量也得离开这个第一个被解放的欢乐之都。被炒了鱿鱼的摄影记者身份让我不舒服到了极点！鬼知道去哪里才好。或许去找第1师，那里有我的老朋友可以投奔。我知道他们在西西里中部的什么地方还在和德国佬打仗。打起仗来有谁能说明白他们的确切位置？我也是花了3天才追上他们。指挥官特里·艾伦将军和泰迪·罗斯福将军是我的老朋友了，但师部对我来说绝对不是个什么好去处。现在没有谁不知道我是个被炒了鱿鱼的"战地记者"。因此，避开师部那些家伙才是上策，就这样，我遇上了第16步兵团，就是在北非的时候我混得跟自己家一样的那支部队。

我的"家人们"正在向特洛伊那猛攻，特洛伊那是个趴在一个小山顶上的小镇，易守难攻。我们用了7天时间才把它搞到手，许多弟兄在这里离开了我们，这有多难不用我说。

这是我第一次真正地从始至终参与一场战争，我尽可能地拍照片。那些照片只是简单而真实地体现出战争的惨烈与沉闷，根本就没有什么壮丽的景象。而抢新闻头条，靠的是运气和发稿的速度，有些照片在发表后的第二天就毫无意义了。但是10年后的某一天，当照片中的那个大兵在他俄亥俄州的家中看着特洛伊那的照片时会说："当时就是那样。"

我们把那个可爱的小镇搞到手的时候，它已经成了一片废墟。坚守的德国佬半夜的时候撤走了，他们丢给我们的是尸体和受伤的意大利老百姓。兄弟们都精疲力竭了，横七竖八地躺在教堂前的小广场上。泰迪·罗斯福总是会在仗打得最艰苦的地方出现的，当他的车出现的时候，我在思考，拍这样的战争、死亡到底有什么意义。他用手杖捅了捅我说："卡帕，师部的新消息说，你现在在给《生活》干活。"

这件事我期盼了好久。但是它真的来了的时候，我好像一点儿都没感到高兴。那个已经确认了的《生活》杂志摄影记者的身份，远远比不上这场惨烈战争中被炒了鱿鱼的敌侨的身份来得真实！

我游魂一样地坐着吉普车回了巴勒莫。一路上，泰迪将军不停地朗诵诗歌，史蒂文森中尉（Lieutenant Stevenson）不厌其烦地高唱着牛仔的歌曲。我不知道肩膀上扛着的这个晕晕的脑袋是谁的。停车吃饭的时候，我根本就吃不进去任何东西，同行的家伙们终于看到了我的鬼样子。上帝一下给了我两个宝贝，一个是工作，另一个是该死的疟疾，我怎么可能吃得消呢。

医院里的饭简直没法吃，不过护士小姐很漂亮。医生见我吃不下东西，就破例安排护士小姐每天给我两小杯苏格兰威士忌开胃。护士小姐给我搞来了一堆美国报纸，不出所料，几乎全美国的报纸都在用我拍的进攻西西里时的照片。但根本没提我一个字。还要说《生活》够交情，他们用了头版还有整整 7 个版面报道我进入巴勒莫的整个过程，用粗大的黑体字做标题，还在一个版面登出我的头像，并声明我是他们的摄影记者。

我问护士小姐，在巴勒莫哪里能找到好吃的。她摸着我的额头说，艾克塞西尔酒店里有一个很棒的黑市餐厅，不过你现在还在发烧，或许天黑后我们可以从地下室的窗户悄悄地溜出去。

我们在那里过得非常愉快，居然真的吃到了很棒的牛排，喝了意大利的气泡酒。等想起要溜回医院时，已经很晚了，地下室的窗户已经上锁了。

我尽量让自己像 18 世纪的骑士一样把她送回家，然后大摇大摆地从正门走进医院，说自己是来看病的，感觉很不舒服，好像是感染上了疟疾。他们又像开始那样收治了我。不幸的是，还是原来的医生给我看的病，结果可想而知，我被关进了原来的病房。看来这次我会被医院炒掉。

第七章　1943 年秋 · 奔赴前线

西西里已经没仗可打了，我被迫回到阿尔及尔。新闻中心热闹极了，在简报室（官方的新闻通稿一般在这个地方向那些新闻记者发布），我发现了好多熟悉的面孔，这儿有一个大牌记者席！西西里的迅速解放，以及即将对欧洲大陆的行动，让这些大牌的屁股再也不能稳坐他们在美国宽敞的办公室了，他们拼命地飞奔到这儿。

简报室里一片嘈杂声，他们在猜测接下来的大行动在什么时间什么地点发动。空军的实力如何，哪里有弱点，以及如何调配给养。我那塞满奎宁（治疗疟疾的特效药）的脑袋对这些事情根本就不感兴趣，我才不理睬他们。我要给自己找个舒服的住处，里面要有张加大的床，还要有个舒服的浴缸，崭新的毛巾，最重要的是要有随叫随到的服务生。

阿尔及尔现在只有两家像样的大酒店。山顶上的那家圣 · 乔治酒店，现在已经成了艾森豪威尔的军事总部。另一家是可以俯瞰港湾的阿莱蒂（Aletti）酒店。那里的房间都是预留的，给从前线下来休假的将军、外交官、战地记者，重要的"自由法国"（Free French）战士，同样重要的"维希法国"（Vichy French）组织成员，以及说不清到底是什么职业的高级女士。

我选择去阿莱蒂酒店，在那里安排住处的军士给我的根本就不是什么房间钥匙，而是预先准备好的外交辞令。他说，1942 年 11 月的时候，阿尔及尔只来了二十几个战地记者，军官处的少校给他 10 个房间分配。可如今是 1943 年 8 月，已经有 150 多个战地记者来这儿，但房间依旧是那 10 个。我和他叫嚷着，他根本就不理我，只是耸了耸肩，然后说："所有战地记者的房间都在 3 楼，你自己去碰碰运气吧。"

看来给自己找张舒服的大床已经不可能。希望能弄个浴缸、按铃什么的。我开始一间房一间房地转，请求是否能共享一张床。后来商量是否能打个地铺。都是白费劲，不单是因为每张床上都有人占了，而且地板上到处都是紧挨着的行军床和铺在地上的行李卷。连仅有的几个阳台上都是。

我和我的行李卷无比沮丧地靠在走廊上的一个角落里。这时候，我的前老板，230磅重的大块头昆廷·雷诺兹意外地冒了出来。他得知我有了新的工作感到非常高兴，并安慰我说别为住的地方发愁。在从英国来的路上，他和一个谦恭的矮个子男人成了朋友，那家伙是个来参加“英国××议会”的代表。这个“英国××议会”貌似十分大牌，因为那家伙一人就弄到了一个有两张床还带阳台的房间。昆廷现在拥有另一张床。他非常肯定那家伙不会反对一个友好的匈牙利人在地板上打地铺。

当晚，那家伙回来的时候，我正舒适地睡在地板上。他说他很抱歉把我吵醒了，并祝我睡得舒服。我稀里糊涂地说了句“好”，就又睡死过去了。

第二天一早，我们被克拉克·李（Clark Lee）叫醒，他曾经是所有外国记者中最英俊的一位，他的报道和他逃离巴丹半岛的事同样出名。但那天早晨他可不像从前那么英俊，他的脸因为一颗牙严重感染而肿着。他一只手指指自己的脸，另一只手指指床。谦恭的矮个子英国绅士大度地让出了床，克拉克呻吟着抢占了那张舒服的床。

晚上，我们的英国绅士收回了他那张舒服的床。我们刚要休息，门开了。脾气最好也是最暴躁的杰克·贝尔登（Jack Belden）从外边走了进来。他一声不响地打开行李卷，倒头便睡。我们感觉房间的主人好像要说些什么，便赶紧告诉他，杰克是和史迪威（Stilwell）一起从缅甸撤回来的。

厄尼·派尔是半夜的时候进来的。他是羞涩的男人。他抱歉地说，你们都是大块头，我那么单薄，权当没我这个人好了。

这一晚的打扰好像也不少了，可是我们的灾难远远没有结束。最后来访的是一群德国佬的飞机，他们飞得很低，炸弹就扔在离我们窗户几码远的地方。我们戴上钢盔待在原地没动。我们的英国绅士没有钢盔，但他认为待在床底下会更安全些。克拉克·李却不在乎什么危险，那晚剩下的时间他占领了那张舒服的大床。

第二天没什么事，照旧等公共关系部传唤。我们散坐在房间里，无聊得有那么一点点恐惧，闲扯着“欧洲大行动”的事。午后，约翰·斯坦贝克（John Steinbeck）和H. R.“红头发”纽约佬一起来串门，他们带了3瓶阿尔及利亚杜松子酒，说酒对克拉克·李的牙痛有好处。那酒烈得要命，我们不能看着克拉克一个人受烈酒的折磨。于是，在那可怕的玩意儿杀死他之前，我们帮忙把那3瓶酒干了个底儿朝天。这边喝酒的时候，那边斯坦贝克和纽约佬悄无声息地在阳台上打开了他们的行李卷。

从那以后，每天都会有新成员加入我们这个大家庭。在阳台上，我们能把港湾看得一清二楚。越来越多的大船运来军队、枪炮和飞机。大船之间的空间渐渐地被小驳船填满。每天如此。那个重大时刻就要来了。

就在房间里再也挤不下人的时候，去总部报道的命令来了。我们戴上钢盔背着行李卷，向房间的主人告别，最后只丢下他一个人寂寞地面对那空荡荡的房间。

我们一窝蜂地挤进公共关系部。那里的头儿乔·菲利普中校（Lieutenant Colonel Joe Phillips）把每个人分别叫进去。关于行动他只字不提，只是说从现在起我们被“禁闭”了。我们被逐个分配到不同的师。轮到我时，菲利普说：“卡帕，你天生就是干伞兵的料。”我抗议说我天生就是个匈牙利人。他笑道：“我看，还是第一种说法更可信。”

几小时后，我被送到了凯鲁万的机场。6 个星期前我来过这里，那些飞机和滑翔机的阵形和之前没有变化。只是 C-47 的机头上画上了一个个白色的降落伞，一个降落伞代表完成一次空投敌占区的任务。

克里斯接待了我：“恭喜你。听说你又有新工作了，又有合法身份了。你见到粉红女郎了吗？”

我告诉他，我根本就没有惹上什么麻烦。他很失望。“你们这些记者真是没劲。我有个好消息，《芝加哥论坛报》（*Chicago Tribune*）的西·科尔曼（Si Korman）也在这里，他打牌比你还臭。”

我打牌像以前一样臭，但是到了午夜，所有人的钱都进了我口袋里。克里斯从牌桌旁站了起来，抱怨我的赌运竟然如此好。只有一种可能，那就是粉红女郎在交桃花运。

第二天，克里斯的任务是飞开罗。我把赢的钱全给了他，请他帮我买 5 双丝袜和 1 瓶最好的法国香水。他答应帮忙，但是他固执地认为这些东西对我没有什么用。

36 小时后，克里斯回来了，东西也买了。我把那些东西都寄给粉红女郎，还给她写了封短信，告诉她在袜子全部穿破前我一定会回伦敦的。

突尼斯沙漠里的日子难熬极了。一直没有 D 日[1]的迹象。第 82 空降师和第 9 运

1 D-Day，美国常用军事术语，指军事攻击开始日，类似的还有 H 时，指发动攻击的具体时间。——编者

输大队的总部位置一直是高度机密，把守森严。计划编制室更是连只苍蝇都飞不进去。

所有人都厌倦了晒太阳等消息的日子，对于空投那天已经迫不及待了。最终的那一刻还是来了，不过不是登机，而是让我们登上等候在加夫萨港[1]的那些步兵登陆艇。

我们在地中海颠簸的海浪里兜了两天的圈，突然改变航线，在西西里的利卡塔港登陆。随后接到通知准备空投，第9运输大队已经从凯鲁万转场到了利卡塔机场。

克里斯早就等在那里了，他为我们准备好了一间记者室。大铜牌子挂在了利卡塔中学的大门口，公共关系部设在实验室里。在玻璃烧杯、人体骨骼和鸟类标本的包围之中，美国国际新闻社（INS）的迪克·特里加斯基斯（Dick Tregaskis）在打字机上敲他那篇生动而永远通不过审查的进攻前形势报道；科尔曼和我在一块废弃的黑板上玩两人纸牌。

空降师一直处于待命状态，他们把营地隐秘地安扎在一片橄榄树林里，就在利卡塔机场后面。利卡塔这个镇子因约翰·赫西写的《阿丹诺之钟》（*A Bell for Adano*）[2]而举世闻名，可是现在没有钟了，倒是有充足的鱼和发酵过的酒。露天营房里晚间很凉爽，蚊子和天上的星星一样多，而谣言就像蚊子一样四处游荡。

次日清晨，第82空降师准将泰勒（Brigadier General Taylor）问谁能借他一根带钱包的腰带。我突然想起了关于马克·克拉克将军（General Mark Clark）的故事，为进攻北非，他秘密抵达北非海岸，就在他登陆时，宪兵不知道从哪里冒了出来，在接下来的混战中，他丢掉了裤子，还丢掉了准备用来行贿的几百万法郎。

我把我的腰带借给了泰勒将军，那是用打牌赢来的钱买的。我问他能不能只丢掉他的裤子。

将军一边系我借给他的腰带，一边说你们记者话太多，而且尖酸刻薄。

两天后，我们接到命令，检查装备、收拾行囊。营房一下热闹起来。我被通知到指挥行动的李奇微将军的营帐里报道。

他一见到我就说："卡帕，今晚你就可以去罗马吃大餐了。泰勒将军已经在那里了。意大利人签了停战书了。"

那天晚上，我们空运部队去接管机场和罗马城。"巴多格里奥元帅（Marshal

---

1 加夫萨在突尼斯内陆，也许是作者笔误或暗语。——译者

2 讲述一个意大利后裔的美国军官，在第二次世界大战后，试图在西西里一个村庄宣传民主思想的故事，获得了1945年的普利策奖。——编者

Badoglio）[1] 向我们保证，他会确保机场不会出现一个德国人，确保我们安全降落。”他接着解释，第二天一早，第 5 军会在那不勒斯以南的萨勒诺登陆。

这将是一条绝好的独家新闻。当其他摄影记者还在拍摄枯燥的海滩登陆和当地的官员时，也许我已经在墨索里尼（Mussolini）家抓拍到他了。当我的伙计们开进罗马时，我已经住进意大利最好的酒店，享受着酒吧里围着我转的男招待的服务。

我拿上行李卷，脱掉伞兵军装，换了一条漂亮的粉红色裤子，还有华达呢衬衣。一会儿的工夫，我就坐在了李奇微将军的专机里，准备起飞了。

但就在我们的引擎开始轰鸣的时候，一个通信兵跑过来，递给将军一封紧急电报。是泰勒将军从罗马发来的：

> 今天下午意大利人没能阻止德国人占领机场，建议取消所有行动。

我一下变成了整个意大利最倒霉的穿粉红裤子的男人。

3 天后，第 5 军在萨勒诺登陆，一艘驳船载着 3 个倒霉的空军运输大队的随军记者在这个改变欧洲大陆命运的港口搁浅了。虽然只有 72 小时，但对于有些家伙来说，那是他们这辈子中最漫长的 72 小时，也是很多人最后的时刻。烧焦的、搁浅的舰艇和驳船的残破船体，飘舞在欧洲大陆上第一处美国士兵墓地里，那些白色十字架上空的美国国旗，所有的一切，都在向我们述说着萨勒诺曾发生过什么。

一只“鸭子”（一种水陆两栖战车）把我们送上了岸。5 年后，我们又重新踏上了欧洲大陆。由于第 5 军的缘故，这里添了不少新玩意儿。大大的警示牌将海滩分成红、绿、黄不同的登陆区。新建的道路都取了新的路名：缅因街、百老汇、第 42 大街。岔路口，带着漂亮白手套的宪兵指挥着交通。每个街角都立着超大的警示牌，上面刻着第 5 军的十诫（Ten Commandments）：

> 战士不戴钢盔要被罚款。
>
> 遇见军官必须要敬礼。

1　彼得罗·巴多格里奥（Pietro Badoglio，1871—1956），意大利元帅，1943 年 7 月推翻墨索里尼政权后担任新政府首相，任内解散法西斯党，与盟军签订停战协定并对德宣战。——编者开吉普车要有特种驾照。

……

新闻中心设在距海岸一英里远的工厂里，那是个神圣的地方，我们得出示各种证件才能进去。所有记者都在赶着发他们最感人的战地报道。

从战况图来看，前线距滩头阵地只有 4 到 6 英里，我们的先头部队距那不勒斯还差 20 英里。他们在我们的左翼，同时也是距总部最远的一支部队，一个蓝色的四方形标准，上面标着：突击队、特种部队和伞兵。

我已经错过了第一波进攻的报道，绝不能再错过有可能最先进入那不勒斯的部队。因此，我向马奥莱进发，突击部队的总部设在那里。

突击部队之前的表现也许没比作战勇猛的步兵团好多少，但他们受过更严酷训练，经验丰富。他们说起话来有点笨拙，打起仗来却像杀手，有一次我还发现他们会像英雄一样咆哮。而他们的头儿，达比中校（Lieutenant Colonel Darby），是这些笨拙的家伙中说话最严厉，打仗最勇猛的。

当天傍晚，赶到马奥莱的时候，我累得像一摊泥，有什么比在大战来临前给自己找张床更舒服的呢。凭我的经验，这个时候要想找到舒服的床和吃的最好去处就是医院。没费什么劲，我就在一个小教堂里找到了野战医院。其实这很容易，跟着一溜溜的救护车就是。

救护车在教堂门口卸下那些被鲜血浸透的担架。昏暗的教堂里，到处弥漫着乙醚和熏香的混合气味，再加上伤员们痛苦的呻吟声，好像一场怪异的仪式。教堂里挤得满满的。为数不多的行军床都给了重伤员。床头挂着血浆瓶，血一滴一滴通过管子流进他们的身体，那些血浆瓶就像圣殿里的灯，指引着那些苦难的灵魂。而大多数轻伤员不得不幸运地躺在冰冷的地板上。

圣坛前孤零零地跪着一个士兵，他背对着死伤者和其他所有人，脸紧贴着台阶，貌似是个随军牧师。他身上根本就看不见任何伤，也许有颗炮弹什么的就在他身边“嘭”地爆炸了，炸坏了他的神经，吓破了他的胆。他在那里不停地胡乱嘟囔着，只有上帝才知道他在说什么。

意大利的修女们在帮忙照顾伤员，第一批送来的德国俘虏在擦地板。我犹豫了一下，还是掏出了照相机。我的闪光灯残忍地打破了这种奇特的氛围。我是个战地记者，这是一家与众不同的医院……这一定会成为一篇很好的报道。

医生住在教堂旁边的孤儿院里。他把床让给了我，因为他根本就没有时间睡。

第二天一早，医生和我一起吃早餐时，嬷嬷带领着孤儿院的孩子们排着整齐的队形，开往教堂的花园。他们唱着歌，唱的居然是小法西斯的歌。医生本来喝着咖啡就睡着了，听到这歌突然警醒过来，大叫着找人翻译他的话。

“你去告诉嬷嬷，再也不许唱这该死的歌。我们绝对不会用美军的口粮喂养这些未来的法西斯。如果这些孩子还是像从前那样被统治，不能像正常孩子那样玩耍，从中午开始餐桌上就不会再有食物了。”

经过长时间的争论，最终嬷嬷昂着头大步地离开了。孩子们开始像印第安孩子一样疯玩起来——新的民主就这样诞生了。

看着疯玩的孩子们，医生松弛了下来，露出了久违的笑容。没一会儿，他收敛了笑容，突然起身冲向手术室。

在突击队的指挥部里，我见到了达比中校和他的几个正在吃早餐的属下。他们应该有几天没有好好休息和刮过胡子了。中校同时在接 3 部电话。

他问 ：“摄影师，你有什么要帮忙的？”

我告诉他，我赶着去前线。

他给我的答案是:这太容易了，他的部队人少，装备更少，可就是要打的仗很多，他匀点别的给我很难，仗有得是。他现在的位置是滩头阵地的左翼，除了特种兵外，他还有一个伞兵团、第 36 步兵师的一个营、几个英军突击队、一支英军轻型坦克组成的特遣队、两个迫击炮连和几门大炮，还有一艘英国轻型巡洋舰停在港湾里。

“如果你真的想去挨子弹的话，基翁齐山口绝对是个好去处。别乱走，一会儿我的司机送你去福特 · 舒斯特（Fort Schuster）。”

蜿蜒曲折的山路两边是漂亮的葡萄园，熟透了的葡萄散发着蓝宝石般美丽的光芒。我兴奋地让司机停车。他不但没有停车，反而加大油门猛冲。他指着不远处的弹坑和一具趴在那里的美国大兵的尸体，大声地说 ：“我才不会在这条死亡之路上停车！ ”

一发炮弹呼啸而来，就在我们身后 100 码爆炸。我确信他说的是真的。那葡萄一定是世界上最酸的。

福特·舒斯特原来是一家有着悠久历史的意大利客栈，在山口的犄角处。它已经有几百岁了，墙壁是用厚重的天然石料砌成的。转过这个犄角后，另一边缓缓通往那不勒斯平原，我不是来送死的，要想看遍这些壮美的风景恐怕还得几天。

福特·舒斯特是用主管医生的名字命名的一个战地医院站。一张大桌子摆在房子的中间，被当成应急手术台。我进去时，医护人员正在准备把一些伤员转移到马奥莱。

虽然从西班牙内战开始，这 7 年来我一直拍战争和流血的照片，但是我一直无法直视那些残损的躯体和他们流淌出来的鲜血。我把行李卷放在远处两个巨大的酒桶旁。

德国人不停地炮击来时的山路和山脊。炮弹就砸在我们四周，但客栈受到犄角和凹陷的道路的保护，我们的所在处成了德国人炮击的死角。

山脊上的散兵坑里的大兵们被炸得很惨，半夜客栈里已经塞满了人。门边是死者，中间是伤兵，远处的角落里蜷缩着酒桶和摄影记者。

不一会儿，第 36 师步兵营的沃克中校（Lieutenant Colonel Walker）带着营指挥部的人也挤了进来。“抱歉，医生，但是我们不得不挪进来。德国人刚调来两个迫击炮连，他们已经盯上了我的指挥所。”

就这样，他们在伤员中间架起了电话线。实在太挤了，我只好把行李挪进了两只大酒桶中间。

过了一会儿，一发迫击炮弹就打在门外不远处，弹片击穿了堵在窗户上的床垫。仗着装了 150 加仑酒的大酒桶的特殊保护，我安然无恙。

德国人的炮击持续了一整夜。他们貌似知道我们在山脊上阵地的准确坐标，每一次炮击的间隙，都有新的伤亡报告送来。沃克中校向突击部队总部报告时说，他的侦察兵还没有找到敌人炮兵阵地的确切位置。他的营伤亡很大，就要顶不住了。

达比给他的命令是：不惜一切代价坚守待援，天亮的时候援军就会到。第二天一早，增援来了。4 个特种兵开着一辆遍体鳞伤的半履带炮车来了，上面驾着一门 75 毫米口径的“大炮”。炮车身上用油漆写着 4 个著名的战役：奥兰（Oran）、凯瑟琳山口（Kasserine Pass）、609 高地（Hill 609）、杰拉海滩（Gela Beach）。他们的头儿是奥布赖恩上尉（Captain O' Brein）。他的衬衫上镶着银星勋章（Silver Star），留着茂密的八字胡，估计是希望这样看上去要比 21 岁老练些。

我们的希望成了泡影。这么一门小炮可怎么和德国人的两个迫击炮连抗衡呢！

奥布赖恩看着我们丧气的脸很不以为然，安慰我们说重武器和大部队已经在来的路上了。这消息多少能让人好受些。

奥布赖恩来这里的任务是找到德国人迫击炮的确切位置,他有一个简单的计划。他把炮车向前推出大约 75 码到开阔地带。敌人就会发现他并向他开火，那么敌人的位置就会暴露。这个计划很大胆也很危险，只要他一出去，肯定会把所有的火力吸引到他身上，但是沃克好像也没有什么更好的办法，只好让他放手一搏。

我挑了个长焦镜头的照相机。我希望能在门口拍下整个行动过程。炮车按原计划开出去了。不久，炮战开始了，响成一片，我根本就分辨不清敌我。炮击间隙我躲回到客栈里，可我还是拍到了——36 张精彩的炮战场面照片。

12 分钟后，炮车打光了全部炮弹，开了回来。奥布赖恩他们毫发无损，但是炮车就没有那么好的运气了，又添了新的弹痕。他们断定，敌人的炮火就在山脚下树林中的小村庄里。一小队侦察兵出发去侦察具体的情况了。可敌人的炮弹还是不断地打过来，墙上和屋顶不停地有灰土和瓦砾往下掉，我们除了等消息什么也干不了。

傍晚，一位年轻的美军中尉带着四门重型迫击炮赶到了。和他一起来的还有一名年轻的英军中尉，以及一架小型无线电和两名通信兵。这个英国人是停泊在港湾里的那艘巡洋舰的代表。

迫击炮就架在了我们后院。巡洋舰也做好了炮击准备，只要我们用无线电通报坐标，他们就可以向目标开火。

没过多久，侦察兵回来了，报告说狡猾的德国人确实将迫击炮连藏在了那个村庄里。大炮隐蔽在不同的农舍里，他们是通过开在屋顶上的大洞向外面射击的。

我们计划天一亮就来一次盟军海军和陆军的联合打击行动。首先是由 4 门迫击炮发射烟幕弹，然后是英军巡洋舰的 8 门远程大炮狠揍德国佬，最后是让半履带车开上去，把剩下想要逃跑的德国佬干掉。而我，会趁着晚上溜出去，给自己找一个可以俯视整个村子的地方把自己隐蔽好，等行动的时候用相机记录下这一切。

我在半山腰度过了难熬的下半夜。我极度思念福特 · 舒斯特，他们应该给我加薪。

清晨的第一缕阳光爬上来的时候，那个小村就在我脚下 750 码远的地方。它背靠的维苏威火山有一道美丽的烟柱直上云霄。我嫉妒死维苏威火山了，它可以毫无顾忌地吞云吐雾，我为了避免暴露目标，连根烟都不敢抽。

脚下的小村，比礼拜三下午的墓地还要安静。我很容易就能看清楚葡萄园包围的那几百间农舍，我感觉他们也很容易就能看见我。每个窗户都是一只大眼睛，他们狠狠地盯着我看，害得我只能尽可能蜷缩着身体躲进矮灌木丛中。我感觉屁股都要冻掉了，再也没有心情观赏什么美景了。我宁肯待在福特·舒斯特的酒桶旁，与肮脏的墙壁为伍。这该死的地方，我就像薄饼一样被夹在两条冰冷的战线中间。我只有两种选择，要么前胸挨子弹，要么后背留伤疤。

第一发烟幕弹正好砸在村子的中间。接下来巡洋舰、迫击炮、半履带车开始把数百颗炮弹砸在那团烟雾中。我微微抬起脑袋和相机开始拍照，但是能拍到的也只是那些千篇一律的爆炸。没有别的办法，我只好每拍一张就换一个滤镜。村子里的巨大烟雾升起来了，维苏威火山喷出的烟雾和它相比根本就算不上什么。

炮弹直接越过我的头顶，迫击炮吹响，巡洋舰尖叫，半履带车为其增加了高且不和谐的吱吱声。然后，德国开始反击。他们有一发炮弹就砸在我背后 100 码左右的山顶上。我像鸵鸟一样把脑袋扎进草丛中,太阳把露在外边的后背晒得暖洋洋的。那些声音要是能变成鸟儿飞过时的歌声就好了。

傍晚，一切都结束了。燃烧的残垣断壁上依旧冒着黑烟，而维苏威火山还像以往一样喷着它自己的烟雾。

天黑后，我爬回了福特·舒斯特，李奇微将军和达比中校已经在那里了。第 82 空降师已经在马奥莱集结完毕，明天一早对那不勒斯发起总攻。

午夜，我背上行李卷和福特·舒斯特告别，跟着英军的一个装甲旅穿过基翁齐山口，拂晓抵达山下。德国人昨晚就撤了。那些小农舍曾经那么恐怖，现在它周围挤满了庆祝解放的意大利人。他们献出水果和葡萄酒，然后没完没了地说他们这一生都在期待这一天的到来。

接下来的路上，我们没有遇到任何抵抗，只是偶尔停下来问问前面是否有德国人，顺带喝点酒，亲吻漂亮姑娘。进了庞贝城后，有美国大兵开始喋喋不休地赞叹庞贝的古代遗迹和那些褪色后显得脏兮兮的壁画。于是，我们跳下坦克，找了两个意大利老头当导游，带领我们去参观那些古代遗迹。那些描绘做爱技巧的美丽罗马壁画，最容易被我们这群异族人赞赏。付给他们每人两个里拉小费后，我们重新踏上征程。

那不勒斯的战争废墟上画的东西和庞贝城的可大不一样。这里的墙上到处刷着“打倒法西斯”和“美国人万岁”。大街上的姑娘们看上去都不是那么干净，因为这里的水源4个星期前就被切断了。

拍欢庆解放的场景，同拍结婚庆典散场10分钟后的教堂没有什么区别。那不勒斯的解放庆典非常简短。那些五彩斑斓的纸屑在一片狼藉中散发着耀眼的光芒。空着肚子的狂欢者们迫不及待地散去了。他们已经开始揣摩美国人接下来会怎么管理这个城市了。郁闷的我挂着个相机，走在冷清的街道上，时而为不用再拍这些无聊的事情而高兴。这样的话，等我回到暂住的帕可酒店的时候，我才能感到问心无愧，这应该是摄影师的职业病吧。

回酒店的路本身就很窄，现在被排在学校大门前的长长的队伍给堵住了。他们不是来领食物的，因为他们从排队进房子，到手里只拿着帽子走出来，都很沉重和肃穆。我也排到了队尾。一进学校，花香就伴随着尸臭扑了过来。屋里停放着20口粗糙的棺材，装小孩的棺材太短了，遮不住孩子们脏兮兮的脚。这些小孩已经足够年长，以至能与德军战斗至死，但对于这些小孩的棺材来说，他们有点“太大了”。而那些鲜花连他们的棺材都盖不上。

这些那不勒斯的孩子们偷出了德国人的枪和子弹，并和德国人打了14天的仗，那时候我们正困在基翁齐山口不能向前推进。欧洲大陆，这片我出生的土地，这群孩子们才是真正迎接我们的人。这样的欢迎，远比一路上我们遇到的歇斯底里地欢呼的人真实得多。他们中的许多人在过去很长时间里同样歇斯底里地对着墨索里尼高喊：“元首万岁！”

我拍照的时候摘掉了帽子以示尊重。我没有拍那些英勇的孩子，而是拍了一些悲痛欲绝的妇人。一直到棺材运走我才停下来。在这个校舍里举办的这场简单的葬礼，才是我在这场胜利中拍到的唯一真实的画面。

我很快又发现了其他有胜利内涵的镜头。回酒店才发现克拉克将军的联络官一直在等我，要带我参加一个重要仪式，地址就在皇家花园的第5军临时指挥部。看来又有胜利庆典要拍了。将军的拖车停在一棵大橡树下，几个陆军上校忙前忙后布置会场。其中一个家伙建议在能够看到将军帽子上的星星的角度，给将军多拍几张。不一会儿，将军顶着3颗闪亮的星星登场了。穿着漂亮的紫色长袍同样戴着闪亮装饰的那不勒斯主教紧随其后。

按照他们的意思，我从左侧拍了将军和他的星星，显示出将军是个高兴的和蔼可亲的胜利者。而那个主教，为了今天的仪式和其他德国将军练习了 3 年。他们的手在友好的气氛中握了很长时间，连最笨的摄影师也不会错过这一切。

我把孩子们葬礼的照片和将军接收仪式的照片一起装进了信封，准备送上船寄回《生活》杂志。

这次的胜利没有什么值得高兴的。这里食物匮乏、凌乱不堪，简直让我心烦意乱。我 30 岁的生日就要到了，我要给自己找个舒舒服服的地方好好庆祝一下。

这次战争没有波及 5 英里外的卡普里岛，那里现在是美国空军的一流休假胜地。再有就是克里斯也到了那不勒斯，按他的说法，一流的新闻发言官应该在意大利享受一流的休假胜地。

卡普里岛把我们当成了恢复旅游贸易的信号，搞得我们根本没有办法好好地休息。宾馆的所有人都拿我们练习他们由于被占领而生疏的英语口语。晚上，所有的吉他手都在我们的窗下没完没了地唱着一首奇怪而又熟悉的歌。我和克里斯赌 5 美元那首歌的名字叫《快乐重现》(*Happy Days Are Here Again*)。

半夜，我们下楼印证我们的赌局。他们说那首歌的名字叫《祝你生日快乐》(*Happy Birthday to You*)。克里斯用 5 美元的小费把吉他手们打发了，我刚好迎来了 30 岁生日。

第二天一早，新成立的“反法西斯导游联盟”的主席，划船带我们环岛游了一圈，领我们参观了那些著名的蓝色和绿色的岩洞。另外，他还给了我们一份亲法西斯分子名单，并催促我们回去后尽快和有关部门沟通抓捕这些人。下午，亲法西斯分子的代表给我们送来了一箱陈年的白兰地，我们收下了酒，并向反间谍部门告发了送礼的家伙。

我们决定在意大利人明白自己的同胞才是一个战壕里的战友之前，离开卡普里岛的政治旋涡。趁着他们还没有对盟友提高物价，我们赶紧采购了点东西。克里斯花了好几百里拉买纪念品，按他的说法，战争应该很快就会结束，要是芝加哥的女孩们还惦记他的话，这些纪念品会派上大用场的。我找了一家小服装店给粉红女郎买了点像样的衣服。售货员是个可爱的黑头发女孩。她虽然不懂英语但是很聪明，而且很愿意帮忙。我比比画画地让她明白了粉红女郎的身材和她的差别。

要描述明白粉红女郎头发的颜色可是个大难题。还好一块浅一点颜色的珊瑚和一个意大利小孩脸上的雀斑帮了我大忙。黑头发姑娘微笑着露出了她雪白的牙齿，非常迷人。她开始帮我挑选丝袜、佛罗伦萨蕾丝花边的内衣、花裙子和其他各种我根本想不到的女性用品。

待在一边的克里斯时而用同情的眼光看着我，时而用异样的眼光看着那个黑头发姑娘。最后，那家小店和我的钱包都变得空空的。在黑头发姑娘忙着打包东西的时候，我对她说请她共进晚餐。但她拿起那块粉色的珊瑚放在我手里，边指自己边摇头。克里斯除了不懂意大利语，其他的样样精通，一下就冲过来，从我手里抢走那块粉红色的珊瑚，对黑头发姑娘说："我，没有女朋友，没有粉红色头发的女朋友，什么女朋友都没有。我，没有问题，真的没有问题，可以请你吃晚饭。"她不会说英语，所以也什么都没有和他说。

那不勒斯一点都不好玩，罗马也许会更好些。

正如温斯顿・丘吉尔所说："那不勒斯和罗马间的崇山峻岭就是欧洲的鸡肋。"那些山区里是德国人擦亮的机枪和大炮。而他们只能用伤兵和墓地去填平。

雨季来了。道路变得越来越泥泞。我们只配发了城市攻坚战的军靴，灌了水后简直是举步维艰。向前走一步，还会向后滑两步，而且薄薄的军衣和裤子根本没法抵挡风雨的侵袭。我们的军队配备了世界上最好的装备，现在却寸步难行，被牢牢地黏在了这大山里。每前进 500 码，都会付出惨痛的代价，罗马城好像离我们越来越远了。

这里的战况是任何记者都不许报道的，可是又有哪个记者愿意报道呢。还有就是，要想记录这一切，照片比任何文字都有说服力。也就是在这个时候，比尔・莫尔丁（Bill Mauldin）创作了两个在意大利战争中幸存的大兵的形象。而这时也是发挥我相机长处的时候。我毫无畏惧地奔波于山岭和散兵坑之间，用相机记录着漫长的雨季、伤病的苦难以及死亡。

12 月的一天，我终于登上了潘塔诺山。过去的 10—15 天里，第 34 步兵师一直在攻打这座山，我来的前一天刚刚全歼守军。山上死掉的大兵还没有来得及掩埋。

每5码就是一个散兵坑，而每个散兵坑里至少会有一个阵亡的大兵。他们身边是散落着口袋书的残片、C口粮的罐头盒、模糊的家信残片。奋勇冲出散兵坑的大兵的尸体挡住了上山的路，他们的血液凝固变成了铁锈的颜色，和秋天的落叶混在一起。

我越往上爬，阵亡的大兵越多。我实在看不下去了，失魂落魄地向山顶继续爬，嘴里反复呓语着："我想穿上白色的裤子、白色的皮鞋，在加利福尼亚的阳光下散步。"我就要崩溃了。

从11月到圣诞节前夕，第5军向前推进了不足10英里，他们一直深陷10英寸的泥沼中。内衣裤已经在我从未曾脱下的军装里发硬了。我拍的照片像这次战争一样悲伤而空洞，以至我根本就不想把它们登在《生活》杂志上。

圣诞节前两天，我觉得我在第5军实在是待够了，而且我认为整个战争不是能在意大利解决的。"厕所谣言"满天飞，什么艾森豪威尔的指挥部马上要迁回伦敦，什么丘吉尔马上就要开辟第二战线了。

所以，我决定还是先回那不勒斯去，至少能换条干净的内裤，然后跟随战争的车轮去伦敦什么的。于是，我下山回到了第45师总部，和他们告别，并希望他们能派辆吉普车送我回那不勒斯。

师部是由一连串帐篷隐蔽下的泥土堡垒组成的。情报部的帐篷里特别忙。参谋们盯着两个军士在作战地图上标注蓝色和红色的方块。我对这些根本就不感兴趣，只想要辆吉普车。一个上校把我拉到那张地图前，向我解释图上是如何从侧翼包抄卡西诺山，以及如何打通去罗马的通道的计划。我告诉他，这些计划是很吸引人，但是我还是想要辆吉普车送我走。上校表现得很沮丧，并说我会因为过早离开这里而感到后悔的。我告诉他，我也为离开这里而感到难过，但我累得要死，而且身上还脏得难以忍受。

上校明白了我的意思，叫了个上尉过来。那家伙看了看我，好像对我不以为然，然后带我去了他的小帐篷。在那里，他拿出了一个装满奇珍异宝的军用背包，给我找了一套新的内衣裤，一套干净的军装，一双新军靴和一瓶苏格兰威士忌。一个勤务兵弄来满满3钢盔的热水。我痛快地洗了个热水澡，还刮了胡子，换上了干净的衣服，最后那瓶苏格兰威士忌把我想走的最后一点理由也给干掉了。第 45 师确实非常想把他们的照片登上《生活》杂志。

当晚，我被送到第 180 步兵团的前沿指挥部，凌晨 4 点我们将发起总攻。

夜袭的开始没什么特别的。士兵们在伸手不见五指的黑夜里，手拿武器，一个挨一个地轻轻地向前走。我只能听见前面那个家伙的脚步声。每走一步都是那么沉重。那种恐惧感把我的胃都拧成了一团。脸上因为恐惧而流下的汗水，和清晨的露水混在一起，这会让人怀念待过的每一个温暖而舒适的房间。

黎明前，只要是安全的地方，不管再难以忍受你都会想去，心中的那种欲望难以抗拒，哪怕是有块石头作为掩体坐下来抽根烟也好。可是我们既不是懦夫，也没有石头可以做掩体，只要一停下，待会儿一定会后悔的。

第一道曙光来临的时候，就是总攻的时候，也是我们的大炮猛敲敌人的时候。呼啸的炮弹是我们的宽心丸，它们不单会敲德国人的脑袋，也是德国人的闹钟。山顶上的德国人端起了望远镜，抄起了电话。接下来，德国人的一个炮兵连把炮弹也砸在了我们中间。按照师部的说法，这个德国人的炮兵连是压根儿就不存在的。

兄弟们都趴在地上，不再幻想“马上就可以回家”“我不该在这该死的地方”“德国人更不该出现在这该死的地方”等所有的假设。离山顶 2000 码、待在原地和前进一样危险。所以我们都猫着腰前进，每有炮弹打过来就卧倒，然后起来继续猫着腰前进，然后再卧倒。随后听见有人大叫救护兵，我们都清楚下一个有可能就是自己。

距离山顶只有 500 码的时候，我们终于到了最后一个制高点。我们的炮弹拼命地砸向山顶，直到那个几乎被砸扁了的山顶应该没有任何活着的德国人了。然而，在我们发起最后一次冲锋的时候，那些被认为已经被干掉的德国人突然用迫击炮和机关枪一起招呼我们。

我们就这样趴在冰冷的土地上，很长时间里根本就不敢抬头。排长在向营部呼叫要援兵和炮火支援。就在这个时候，德国人的迫击炮把我们整个高地翻了个底朝天。

我的脸紧贴着地面，趴在一块大石头后面，左右两边有两个大兵保护着我。每次炮击之后，我就略微抬起头，来抓拍我前面被击倒的士兵和炮弹掀起的烟尘，头顶上的炮弹密集地向我们这边拍了过来，我再也不敢抬头了。一发炮弹就打在我们 10 码外的地方，好像有东西击中了我的后背，我吓坏了，可是根本就不敢回头看，谁知道下一发炮弹会不会就打在我身边。我只能小心翼翼地摸自己的后背，还好摸到的只是一些被炸碎的大石块，并没有血。我右边的大兵没有那么幸运，他右臂被一块弹片击中，受了重伤，估计可以拿到紫心勋章了。而我左边的家伙已经一动不动了，他再也没有机会接到圣诞礼物了。炮弹的炸点慢慢地离我们越来越远，我点了两支烟。大兵深吸了一口烟，把急救包递给了我。我默默地帮他包扎伤口，而他看着自己的伤口却说："新年的时候我就能重返战场了。"

黄昏时炮火渐渐地弱下来，大兵和我站起来接着往前冲了一段。我拍到的照片和之前的没有什么区别，只是双腿抖个不停，背上多了一大块伤疤而已。德国人还在山顶上。我真的不想再跟着攻坚部队拍照片了。

那不勒斯和我们 3 个月前来的时候没有什么变化，到处是戴着白色头盔、穿着整齐的军装的宪兵，到处都立着"闲人免进"的牌子；只是供水恢复了。那不勒斯人为美国人提供一切服务，从手表到女人。同时，他们也从美国人那里淘东西，黑市上的生意相当火爆。罗马大街上，头发上沾满了 DDT 粉的应召女郎晃来晃去。维苏威火山在时隔 100 年后喷涌出的浓烟和火山灰，笼罩着整个城市。

比尔·朗现在是《时代》和《生活》两个杂志办事处的负责人，他出人意料地租到了一套设施齐备的山顶公寓，有浴室居然还有热水。我到那不勒斯的第一天就在那个浴缸里泡了整整一天。第二天才把所有的照片定名为《一场艰苦的战争》（*This Is a Tough War*）寄回杂志社。另外我还在信中要求老板把我调回伦敦，去拍解放法国的战争。两个星期后，《生活》给我回了电报，说《一场艰苦的战争》非常棒，将作为封面，还会在内文给 7 个页面。还有就是他们同意我回伦敦。

我向军方提交了我的调离申请，开始收拾行李。比尔·朗也在一边收拾他的行李。我在往包里装给粉红女郎的蕾丝花边内衣，他在往包里装冬天的睡衣和一双新军靴。我对他说："我给粉红女郎发了电报，让她给我们在伦敦租一套舒服的房子。"他却一点儿也不领情，拿出一把新式的单兵铲，说用它挖散兵坑更顺手。我有些纳闷，还是放下了给粉红女郎买的东西问他什么情况。

我跟他来到窗前。那不勒斯的港口又挤满了熟悉的登陆艇。对于一个战地记者来说，要是错过了一场大的攻势，就好像在新新监狱[1]里服满了 5 年的刑期之后，

1　美国纽约州矫正与社区安全所辖的最高设防监狱。——编者

拒绝和性感明星拉娜·透纳（Lana Turner）[1] 约会。在前线待了 5 个月，我的情感压抑极了，而对于我来说，粉红女郎无疑就是拉娜·透纳。但是，我还是问："我能参加这次攻势吗？"

我率真的朋友惊呆了："他们不是安排你参加突击队的，你不是应该明天一早带着装备和达比上校一起出发吗？"

我们根本不知道要进攻哪里，不知道有什么样的计划。第 5 军就剩下两个疲惫不堪的师和一个小小的突击营。但是，我们还是相信"总部的老爷们"知道计划，我们相信已经有其他的部队悄悄地上了船，还有别的兄弟在北非的其他港口整装待发。到现在为止，我们的战略计划都很完美。我们没有任何异议，即使有异议，也不会有人理我们的。

我知道在登陆舰上的日子不好过，简直就是度日如年。所以我带了一整箱西班牙威士忌去达比上校那里。他还是不太喜欢战地记者，看在威士忌的面子上他并不讨厌我。

过去 3 个星期里，突击队一直窝在那不勒斯以北的一个小港湾里待命，许多小伙子根本无法抗拒那些吃不饱肚子的意大利姑娘。那真是一个军民亲善的典范时期，而上校的理论是："不会恋爱的士兵就不会打仗。"

为了骗过那些敌人的间谍和多嘴的女人，小伙子们受命散布即将回国的谣言。所以我们出发的那天，有上百名意大利姑娘来道别，提醒她们的朋友别忘了帮忙申请签证，顺便再弄点 C 口粮。那场面怪异极了，小伙子们坐在码头的擦鞋摊上，左手拿着 C 口粮，右手搂着漂亮姑娘的腰。

中午起锚的时候，所有人都上了船。达比把我叫到了作战指挥室，告诉我，我们半夜的时候会在离那不勒斯 50 英里远的安齐奥海滩登陆。这可不是个好消息，我本以为会坐很长时间的船，所以在黑市上花了 150 美元买了那箱威士忌。我们怎么可能在 12 小时内享受一整箱威士忌，我总不能在趟没肩的海水登陆时还扛着一整箱威士忌吧。

我和比尔·朗回到了我们的船舱，叫乘务员拿了个开瓶器。乘务员是典型的伦

1 美国影视女演员，1937 年凭借悬疑片《永志不忘》被称为"毛衣女孩"，1981 年获美国电影协会电影艺术成就奖。——编者

敦佬，看了看我们的威士忌，然后提醒我们，这可是一艘皇家海军的战舰，皇家海军怎么会没有酒！船上有地道的苏格兰威士忌，想要多少就有多少，每瓶只要 8 先令。这个消息简直是雪上加霜。我们只好又叫了一瓶苏格兰威士忌，然后每人往包里塞上两瓶意大利威士忌，最后把剩下的分给了甲板上的小伙子们。

大英帝国的皇家海军不费吹灰之力就在午夜前把我们送到了离岸边 40 码的浅滩。

这是一次漂亮的奇袭，我们登陆前没有遇到任何抵抗，登陆后不到 20 分钟我们就搞定了一切，大多数的德国佬还没来得及穿上裤子就被我们从被窝里给逮了出来。我们把指挥部设在了一家豪华赌场的地下室里，我打开行李卷换了条干裤子。

那些西班牙威士忌昨天就把我折磨得不轻，今天又从瓶子里跑出来报复我。脱下被海水泡过的裤子，只能换上沾满了威士忌的裤子。虽然这让我浑身散发出迷人的酒香，但是晚上过得很不爽。第二天太阳不单晒干了我的裤子，还彻底地让我恢复了精神。这里的德国佬不是被击毙就是被俘虏了，我们在他们的仓库里发现了意大利香肠、瑞士干酪、挪威沙丁鱼罐头、丹麦的黄油，还有慕尼黑的啤酒。在占领安齐奥最初的 24 小时里，我们都确信两周内就能占领罗马，因为现在离罗马只有 25 英里远。到了最后才发现，这是我们在这片海滩上所度过的仅有的快乐时光。

新闻中心在海滩上征用了一所别墅，我在那儿找到了其他记者，发现他们全都安然无恙。我们一边等总部的消息，一边玩扑克。我们能看见外面不断有船只进港，卸下士兵和重装备。打牌的间隙，我站起身来，透过窗户拍了些照片。安齐奥到目前为止，还让我非常开心。

扑克刚玩到一半，我们的防空高炮开火了。我冲到窗前。24 架德国人的轰炸机掠过我们的别墅向港口俯冲，把炸弹投在了卸货的驳船上。我把相机聚焦在 200 码外一艘被炸的货船上，拍了几张不错的照片。

轰炸机撤了，我又回到牌桌上，忍不住描述起刚才抢拍到的场景有多可怕，克拉克·李看着他的牌不耐烦地说：“打牌的时候你就不能不说你的照片？”

我看了看手中的一对 5，这根本就不算什么好牌，但为了回敬克拉克的无礼，我押了 100 美元，希望没有人跟。

美联社的唐·怀特海德（Don Whitehead）看了看自己的牌，又看了看我。说：“你这个匈牙利骗子，我不相信你手上会有好牌。我押 200 美元。”

轮到克拉克了，他说：“我才不管谁的牌运好呢，我一定要看看是谁在耍诈。”

他把自己桌子上所有的钱都压上了。

看来这把牌会结束整个牌局的。我们都压上了所有的钱，然后继续发牌。怀特海德没有要换牌，克拉克换了一张。我换了3张，可我那一对5根本就没有赢钱的希望。由于我们都压上了所有的钱，干脆就都把牌翻开比大小。怀特海德是顺子，克拉克换牌后成了一个同花顺。怀特海德只能对此嗤之以鼻，克拉克得意地伸手去拿钱了。

我一张一张地翻开我的牌，其实心里也没抱什么赢的希望。

我开始就有一对5，第三张是个幸运的5，第四张是个3，决定最后命运的是第五张，是另一张5！我真的拿到了第四张5！

在这次战役的剩余时间里，我打牌再也没有赢过。这个错误就好像我们轻而易举地在安齐奥登陆一样。

登陆的第五天，我们终于知道短时间内根本就到不了罗马，能守住现有的这一小片海滩已经算是万幸了。德国人是我们的好几倍，而且他们能看清楚我们的一切举动，并用大炮把我们炸上天。

所有的记者都搬到了临时新闻中心的地下室，我犹豫再三还是要冒险出去。我每次跳上吉普车都把行李卷夹在两腿中间。我祈祷，如果在我回伦敦度假之前负伤的话，可千万别打到那里。

回伦敦的调令就在我的口袋里，每天我都下同样的决心：明天就走。

那片被诅咒的海滩上已经没有别的照片可拍了。每天早上，除了昨晚我们又失去了多少优秀的小伙子外，就没有别的消息。没有人赌博、喝酒和刮胡子。也同样没有什么好报道的。我们只能像其他士兵一样等待下一次炮击或者是春天般的惊喜。

2月底，我接到克里斯的电报。第9运输大队的指挥部就要搬到伦敦了，会有一架飞机在那不勒斯等我。

我跟着一艘医疗船离开了安齐奥，除了我以外，每个人都身负重伤。

第八章　偶遇海明威

我们升空后，在那不勒斯上边兜了一圈。从 1000 英尺以上看这座城市时，它变得美丽了，战争也远离了。飞过萨勒诺的时候，沉船上露出水面的桅杆清晰可见。而西西里的战争废墟和两千年前的阿格里真托废墟看起来没有什么区别。

那些 6 个月前还出现在头版头条的战场，虽然现在依旧满是弹坑，但已经是遍地牛羊的牧场了。如果重游一遍我们的进军路线，就像参观拍完电影两周后的摄影场，有些道具还在路边。而大海是最神秘的布景，很多残骸默默地躺在水底。

我们不再谈论北非的海岸和过去的 3 场战役，我们甚至不愿谈论即将开始的下场战役。克里斯问我到伦敦后的第一天都会干点什么。按说我们应该上午就能到，我要先到粉红女郎为我们租下的那套漂亮的爱巢给她一个惊喜。当我在浴缸里舒服地泡澡时，她会为我准备好丰盛的早餐：鲜蛋、果酱、烤面包。早餐后，我会穿上深蓝色的西服和白色衬衫；她梳完那漂亮的头发后，会穿上她最漂亮的礼服。我们会在波莱斯汀餐馆吃晚餐，一定要喝上一瓶 1928 年产的克鲁格香槟。然后去椰林歌舞会和克里斯会合，他可以和粉红女郎跳两支舞。

克里斯听完我的一系列安排后，说粉红女郎肯定会有个女伴。我对他保证，粉红女郎肯定会有几十个女友，他绝对不会闲着的。

我们晚上 7 点才到伦敦。粉红女郎租的公寓在贝尔格莱弗广场上最豪华的一栋楼里。每个公寓使用者的姓名都用白色字母贴在走廊里一块大黑板上。一楼的住户是某个贵族的遗孀，二楼是某某勋爵，三楼是某某空军中将，四楼是法西斯西班牙大使馆，五楼是一个医生，六楼是个海军少校。在所有人的上面，公寓的顶层住着卡帕和粉红女郎。

克里斯和我坐电梯上了顶楼。我用钥匙开门前按了 3 次铃。门厅里空无一人，但是亮着一盏灯，从一个房间里传来声音。在门口时，我们先看见了一个肚子，跟着看见一个年轻的姑娘，淡棕色头发映衬着她的脸很漂亮，她可能已经过了预产期。

克里斯窘迫地问我：“你怎么不早告诉我？”

那姑娘打量了我俩一会儿，然后对我说：“你一定是卡帕。我是伊莱恩的朋友，我叫莫娜·克林（Mona Kline）。”

我对克里斯说：“我不是跟你说过，粉红女郎会有女伴的么？”然后我对莫娜说我很高兴见到她，但我马上又问：“粉红女郎在哪儿？”

她犹豫了一下。“你回来前，她得了阑尾穿孔，被送去医院急救了，”她看到我的脸色骤变，马上补充说，“不过现在她已经完全没事了，已经能和我通电话了。可是，我觉得你现在去慰问还是有点早。她现在还不能过分激动。”她的话让我放心了些。原来过去 4 个星期粉红女郎一直在等我，把手术日期一拖再拖。可是，昨天晚上她阑尾穿孔了，被送进医院急救。

当晚，我和克里斯在就近的一家宾馆过夜。在巨大的“路易十四”床上，我睁着眼睛无法入睡，他却在我身边欢快地打着呼噜。

一早我就赶去买鲜花，然后抱着一大堆东西，轻轻地进了医院。一个小护士在粉红女郎的房门口对我说:“太好了，帕克先生你终于赶来了。你妻子昏迷中一直在叫你。”

雪白的枕头上躺着脸色惨白的粉红女郎，她低声地说：“请转过脸去，我亲爱的卡帕。”我转过身去，脸对着墙，直到她说：“转过来吧。”

粉红女郎现在有漂亮的眼睛、睫毛、嘴唇，房间里飘散出艾佩芝香水淡淡的香味。她眼含的泪水仿佛对我说：“我一直在等你回来……”最后，泪水伴着睫毛膏流了下来，粉红女郎终于开口了：“我肚子上会留下一个像洛林十字架一样漂亮的疤，过段时间就不那么明显了。”

我终于有机会表白了。我承诺她，我会珍惜和她在一起的每一天。医生来了，他和我握手，然后称呼我帕克先生。我让他直接叫我卡帕。他把我领到病房外说:“我们还要注意观察，她的病拖得时间太长了。”这个忠告让我心里很后悔，很难受。

医生走后，病房里来了一位慈祥的妇人。“我是伊莱恩的母亲，你就是那个坏小子。”我们被容许在病房里多待一会儿，接着我们 3 个人进行了一场其乐融融的家庭谈话。

1944 年 5 月，伦敦陷入进攻欧洲大陆的热潮。城里挤满了同盟国的各种军人，酒吧里的威士忌非常紧俏。只有一个叫作小法国人俱乐部的地方没有受到什么影响，就好像沙漠中唯一的一块绿洲。老板是一位同情法国人的英国女知识分子。在同盟国的军队中，“自由法国”的薪水最少，他们也是最喜欢喝酒的，所以小法国人俱乐部的酒便宜到不能再便宜了。不可思议的是，他们还有苏格兰威士忌供应。欧文·肖（Irwin Shaw）和比尔·萨罗扬（Bill Saroyan）都是贫穷的知识分子，在美军中只是普通士兵。但他们所表现出的对法国的热爱，令那位女老板深信不疑，因此很快就混进了那个圈子。他们在小法国人俱乐部占领了滩头阵地的消息，很快传遍了其他“贫穷”的知识分子，于是其他人也开始渗透进去了。在我到处寻求同情和苏格兰威士忌的时候，有人建议我去那里试试运气。可是美国会员的配额早就爆满了，但我想了别的办法混了进去。因为我来自“自由匈牙利”。

我伦敦假期的第二个晚上，就是在那儿度过的。凌晨3点，我费了番周折才回到我在贝尔格莱弗广场的公寓。暂住的莫娜已经起床。她起床的次数太多，我很快就弄明白了：她快要生了。我急忙把她送进妇产科医院。莫娜的临产征兆非常明显，医生二话没说便把她送进了产房，把我留在产房外。在伦敦，穿美军军装的男人等在产房外很少见，搞得那些焦急等待的准英国爸爸们撇下自己的事，都跑来安慰我，说一切都会好起来的。

11点钟，护士过来通知我说：“克莱恩（Kline）先生，生了个漂亮的男孩，你当父亲了。”

克里斯从英格兰中部的第9运输大队临时总部回来，休24小时的小假期。他先夸赞了一番小克莱恩，然后跟我们去了粉红女郎住的医院，在那里他又夸赞了我这个帕克先生的粉红女郎一番。晚上，我带他去了小法国人俱乐部，在俱乐部他成了一个备受瞩目的说书人。他讲了帕克先生和克莱恩先生的故事，结果我成了由阿博特（Abbott）和科斯特洛（Costello）扮演的可怜的哲基尔博士（Dr. Jekyll）和海德先生（Mr. Hyde）[1]。第二天，那些离乡背井的美国人为了表示对这个故事的欣赏，在莫娜的产房和粉红女郎的病房里堆满了鲜花、PX口粮，还有源源不断的慰问者。

进攻的流言越来越多，光临小法国人俱乐部的大人物也越来越多。厄内斯特·海

1　双重人格的代称，出自史蒂文森创作的《化身博士》。——编者

明威躲在他那副棕灰色大胡子的后面，是最后一批加入我们的。虽然他眼睛受了伤，视力下降，但是我这次见到他还是无比高兴。我们的友谊是在 1937 年的共和党人的西班牙建立的，当时我是个自由摄影师，他已经是个非常著名的作家了。他的外号叫“老爹”，很快我跟着叫他“老爹”。从那以后，他也多次履行做老爹的职责，现在他很高兴能明显看出他的养子不缺钱用。为了证明我事业有成和对他的爱，我决定在我那没什么人住而又租金昂贵的公寓里为他开个派对。

这天，我像以往一样去医院看望粉红女郎，并把我的想法告诉了她，她赞同我的想法，但有一个条件：到时偷偷给她带一小瓶香槟。她告诉我，她的衣橱里藏了 10 瓶苏格兰威士忌、8 瓶杜松子酒，那是我离开这 10 个月里她用酒类配给攒出来的。

苏格兰威士忌和杜松子酒是严格执行按人定量配给的，但白兰地和香槟花 30 美元就可以买一瓶。办大事那天，我买了一个大鱼缸、一箱香槟、几瓶白兰地和半打鲜桃。我把桃子放在白兰地里，再把香槟倒在里面，一切就搞定了。

事实证明，免费烈酒和海明威的名望一样难以抗拒。所有伦敦的名人都来了。他们喝完苏格兰威士忌，喝香槟，然后再喝白兰地和杜松子酒。

我坐在角落的主人椅子上，和一个医生朋友在聊良性瘤，或者叫须疮，那东西让他不得不留了胡子。

凌晨 4 点，鱼缸见底了，桃子露了出来。其他瓶子也空了，客人们陆续地散去。医生自告奋勇要送海明威回旅馆。我吃完桃子，倒在床上就睡了。

第二天早上 7 点就有电话打来，是医院打给我的，说海明威先生出事了，要我马上赶到急救室去。到医院后，在手术台上找到了 215 磅的“老爹”。他头上多了一个大口子，胡子上全是血。医生们正在给他打麻醉剂，把那大口子缝起来。“老爹”非常感谢我为他开派对。他要我去看看我那个医生，医生开车送“老爹”回宾馆的时候撞了一辆水车，一定也伤得很重。他还要我通知他在美国的孩子们，别听报纸上瞎说，他伤得不重。缝了 48 针之后，“老爹”的头看上去比从前还好。

在急救室里，所有人都听到我叫他“老爹”，于是我又成了卡帕·海明威先生。

5 月底的时候，英国变得很热，进攻一拖再拖，医院开始让人疲惫。我很爱粉红女郎，但我该回战场了，等到她出院能去车站接我的时候再回来。我讨厌去医院，我讨厌在这座城市里游荡，而粉红女郎比我还烦整天被鲜花和护士包围着 。

最后，医院同意把她放出来，条件是她至少要在疗养院待两星期。疗养院在阿斯科特，离伦敦 30 英里，由圣・玛丽修道会的修女们管理。

我把粉红女郎抱上出租车。我叫司机去阿斯科特。粉红女郎说："贝尔格莱弗广场 26 号。"我重复了一遍："去阿斯科特。"粉红女郎说："你没权管我……肚子长在我身上。"肚子不是我的，但去哪里我说了算。

离开伦敦市区是郁郁葱葱的田野，我们驶入了春天。我说："就两个星期。"

"我会记住这两星期，我一天也不会原谅你的。"

修女们很和蔼，粉红女郎的房间很舒适，窗户对面的景色很美。但是，我不得不回伦敦。

小法国人俱乐部变得很没劲，贝尔格莱弗更让人厌烦，我无聊极了。最后一次去疗养院看粉红女郎时，她在花园里散步。在她的裙子衬托下，腰身和小腿看上去漂亮极了，只是走起路来还不太利索，后天她就可以回家了。我们回了她的房间，修女给我们上了茶。喝茶时我告诉她，我在冰箱里冰着一瓶最好的香槟。修女回来取托盘时对我说，探望的时间结束了。她看了看我穿的军装，又看了看粉红女郎桌上的报纸，上面写着：希特勒说星期天开始进攻。修女拿着托盘，走到门口时头也没回地说道："如果你天黑后走，没人会注意到你的。"

数百名战地记者中，第一批只选了几十名上前线。而其中只有 4 名摄影记者，我是其中之一。

公共关系部召入选的人开会，对我们说，从现在开始，我们必须随时准备出发，每次离开驻地的时间不得超过一小时。

我想再去阿斯科特是不可能了。

我的装备基本全了，但还是想去采购点打仗用的东西。我在柏帛丽买了一件英军的雨衣，在登喜路买了一个银质袖珍酒壶。准备齐了。

粉红女郎要回来的那天一大早，公共关系部一位中尉把我叫醒，让我不要和任何人说话，也不要给任何人留言。他会帮我拿上装备。但房租总该付吧，他容许我签了一张空白支票，并把它压在梳妆台上的艾佩芝香水瓶下面。我觉得粉红女郎能明白我的意思。

第九章　1944 年夏·霸王行动

每年 4 月的某个时候，每个坚守信仰的犹太人家庭都会庆祝逾越节（Passover），这是犹太人的感恩节。逾越节的庆祝程序和众所周知的感恩节差不多，逾越节的餐桌上样样都有，也有火鸡，唯一的差别是以前的孩子比现在的孩子更渴望过这个节。

所有人都吃完晚餐后，父亲会松开裤带，点上一支 5 美分的雪茄。在这个重要的时刻，家中最小的男孩子——我有好多年一直充当这个角色——便走上前去，用希伯来语庄严地向他的父亲问："为什么今天是个特殊的日子？"于是，父亲就意味深长而又兴致勃勃地开始讲那个故事：在几千年前的埃及，毁灭天使如何越过上帝选民的初生子，后来，摩西会长又如何引导他们脚不沾水地穿越红海。

1944 年 6 月 6 日，跨越英吉利海峡的犹太人和非犹太人，将他们湿漉漉的双脚踏在一片叫作"简易红"的诺曼底海滩上。在今后的这个日子里，他们应该每年过一次"逾越节"。他们的孩子，在吃完两罐 C 口粮后，也会问他们的父亲："为什么今天与众不同？"而我要讲的故事应该是这样的：

那些命中注定要在法国海滩上过春天的人，被召集到英国东南海岸上巨大的集结地。他们一踏进四周围着铁丝网的集结地大门，就已经在跨过英吉利海峡的路上了。

在集结地，我们正在为这次行动作准备。我们将美元和英镑真钞换成用薄纸印的入侵者的法郎。我们每人领到一张单子，上面写着几百条注意事项，都是介绍 1944 年夏天在对面的海滩上，衣着考究的游客会是什么样。此外，还有一本小册子，告诉我们如何跟当地人说话。法语中有一些跟人搭讪的话："Bonjour，monsieur，nous sommes les amis américains."这句是对男人说的，意思是"先生你好，我们是友好的美国人"。"Bonjour，mademoiselle，voulez-vous faire une promenade avec moi？"这是对姑娘说的。怎么解释都可以。

还有针对如何与在当地的其他国家的人打交道的建议。（也许有情报表明，我们会在海滩上遇到很多这种人。）它们由简单的德语组成，意思是只要缴枪投降就能得到香烟、洗热水澡和其他福利。说实话，这样的小册子读起来让人充满信心。

我们的每一件衣服都有防水防毒气的功能，而且都有伪装色。经过周密的准备工作后，我们随时待命，只等着 D 日的来临。

我们全都得了一种怪病，叫作“水陆两栖”。成为水陆两栖部队的含义是：去上岸吃苦头之前，先得在水中吃苦头。无一例外。对水陆两栖感兴趣的家伙可能只有一种，那就是美洲鳄鱼。“水陆两栖”病也有轻重不同，预计第一批到达海滩的人病得最厉害。

威茅斯港正在见证这段历史。战舰、运兵船、货船和登陆艇混杂在一起。一道由上千只银色气球构成的气球阻拦网飘浮在它们上空。即将赴法旅行的小伙子们在船舰甲板上一边晒日光浴，一边懒洋洋地看着空中的巨大玩具。在乐天派看来，每样东西看上去都像是秘密的新式武器，尤其从远处看。

我坐的美国“蔡斯”号军舰（U.S.S. Chase）上，有三种人：策划者、赌徒和写遗书的人。赌徒们在甲板上，围着毯子上的两个小骰子，旁边堆着成千上万美元。写遗书的躲在角落里，在纸上写着温馨的话，把最心爱的猎枪留给弟弟，把钱留给家人。至于那些策划者，他们在底舱的健身房，低着头围着一块上面放满缩微模型的橡皮地毯。法国海岸上的每幢房子、每棵树，都在那模型上。排长们在橡皮村庄之间选择路线，在橡皮树木和橡皮沟渠里寻找掩体。

还有各船的模型，舱壁底部画着各段海滩的标记，“狐狸绿”“简易红”等等，涵盖了整个“奥马哈”海滩。海军司令和参谋们也在那里，他们把小船推来推去，以抵达舱壁上画着的海滩。说实话，看着这些挂着勋章的绅士在那些地板上专心地鼓弄，我信心爆棚。

我关注着健身房地板上的所有细节，这个绝不是兴趣。“蔡斯”号上载着许多登陆艇，会在离法国海岸 10 英里的地方把它们放下去。我得挑一艘登陆艇坐上去，上岸再挑一棵橡皮树作掩体。这就像赛前 10 分钟留心观察所有的马，然后在开赛前 5 分钟内下注一样。

这边，B 连的目标看上去很容易，如果跟着他们好像更容易取胜。但另一边，E 连我熟得不能再熟了，跟他们在西西里时我拍到了这场战争中最好的照片之一。

正当我不知道如何在B连和E连之间选一个的时候，进攻部队第1师第16步兵团的指挥官泰勒上校，向我透露说，他的团部会紧跟在第一波步兵团后面。要是我跟他在一起，不但不会错过战役，而且比较安全。听起来这才是最好的选择。赌一赔二，晚上我还活着。

如果到这个关口，我儿子打断我问："战地记者和别的军人有什么不同？"我会告诉他，比起一般的士兵，战地记者可以喝更多的酒，有更多的姑娘喜欢，可以赚更多的钱，更自由；在面对战争这个阶段，还有自己选择地点的余地，即使当逃兵也不会上军事法庭。这些对他同时也是一种酷刑，战地记者的赌本就是他的命，他可以押在这儿，也可以押在那儿，也可以在最后一分钟把它放回自己的口袋里。

我是个赌徒。我要跟E连在一起参加第一波进攻。

下定决心参加第一波进攻后，我就告诉自己，所谓"铜墙铁壁"只是德国人自吹自擂，打败他们易如反掌。我回到甲板上，看了一眼正在消失的英国海岸。那岛屿上渐渐淡去的淡绿色的荧光击中了我的软肋，我加入了写遗书的行列。我把我的滑雪靴送给了哥哥，妈妈可以邀请英国的某人和她同住。这些想法真龌龊，我把信折好，放在前胸的口袋里。我永远也不会把它寄出去。

然后我加入了第三类人中。凌晨两点，船上的高音喇叭让我们丢掉了手中的牌。我们把钱放进防水钱袋里，喇叭在残忍地提醒我们：到时候了。

他们给我戴上防毒面具、胀鼓鼓的救生带，带上工兵铲和其他工具，我把那件昂贵的柏帛丽雨衣绑在了胳膊上。我是所有进攻者中最斯文的一个。

凌晨3点，我们就开始了战前早餐。"蔡斯"号上食堂里的小伙们穿着洁白的工装，格外地热情和礼貌，派给我们肉饼、香肠、鸡蛋和咖啡。但是战前的我们好像都没什么胃口，大部分美味都剩在了盘子里。

凌晨4点，我们在甲板上集结。登陆艇在起重机的吊臂下摇晃着，等着被放下水去。2000名士兵悄无声息地等在那里，等待黎明的第一道曙光。不管他们心里在想什么，总逃不过是某种祈祷。

我也安静地站着。我脑子不停闪过绿色的田野、粉红色的云彩、自由自在的羊群，所有的好时光，还想今天要拍到最好的照片。我们都不介意在黑暗中多站一会儿，也没有丝毫的不耐烦。但太阳一点都不知趣，像往常一样按时地升了起来。第一波进攻部队陆陆续续地上了登陆艇。就像坐在缓缓下行的电梯里一样，我们降到了海面上。大海波涛汹涌，小艇还没驶离母船，我们身上就被海水打湿了。这事明摆着，艾森豪威尔将军不会让我们的脚或身上其他地方干着穿越海峡。

没一会儿，就有人开始呕吐。但这是一场精心准备的进攻，这时之前派发的小纸袋有用武之地。不久，呕吐便减少了，我觉得，这个方法可以推广给所有有 D 日反应的爸爸妈妈们。

第一声枪响刺痛我们的耳膜时，诺曼底（Normandy）海岸仍然在几英里开外。我们不再观察渐近的海岸，而是低下身子待在艇底令人恶心的积水中。第一艘把部队卸在海滩上的空艇从我们旁边折返回来，船上的黑人艇长对我们做了个 V 手势，并给了我们一个胜利的微笑。天亮了能拍照的时候，我从防水油布中拿出了我的第一架康泰时照相机。我们的登陆艇的底部触到了法国的大地。艇长放下加了钢甲的前拦板，在戳出水面的钢铁障碍物所构成的奇异图案之间，有一条狭窄的、被硝烟笼罩着的陆地，那是我们的欧洲大陆——“简易红”海滩[1]。

我那曾经美丽的法国，现在看上去肮脏不堪，让人厌恶，德国人的机枪向我们四周扫射，我没法再拍照。从我们艇上下去的士兵在齐腰深的水里，手里拿着上了膛的来复枪吃力地前进着。而背景是障碍物和硝烟弥漫的海滩,对于摄影记者来说，这一切够好了。我在踏板上停了一会儿，拍了这场进攻的第一张好照片。艇长急着返回去，我拍照时的姿势被误以为是畏战不前，为了帮助我下定决心，他瞄准我，从后面狠狠地踹了我一脚，这完全可以理解。海水很凉，离海滩还有 100 多码。子弹打得我周围的海水直开花，我冲向最近的钢铁障碍物。一个士兵和我同时冲到那儿，我们把它当成共同的掩体。他扯下来复枪上包着的防水油布，没怎么瞄准就开始向硝烟后面的海滩开枪。他的枪声给了他前进的勇气，他把掩体留给了我。现在多出了一英尺的地方，已经足够安全了，我开始拍那些像我一样躲在障碍物后面的家伙了。

天还没完全亮，灰蒙蒙的，拍不出什么好照片。但是灰蒙蒙的水面和灰蒙蒙的天空，映衬得躲藏在希特勒智囊团设计的超现实主义图案下的士兵们的小小形象异常鲜明。

我拍完了照，冰凉的海水灌满了我的裤管。我强迫自己试着离开庇护我的钢柱，

---

1 诺曼底登陆时，将代号为“奥马哈”的海滩分为了“简易红”（Easy Red）和“狐狸绿”（Fox Green），作者所拍摄的为登陆“简易红”时的场景。——编者

但每一次都被子弹逼退回来。前面 50 码有一辆露出水面的两栖坦克还在燃烧，它成了我的下一个掩体。我看了一下绑在我胳膊上的那件时髦的雨衣，除了增加我的重量，减缓我的速度，没什么别的用途。于是我把它丢了，冲向那辆坦克。途中有很多漂浮的尸体，我停下拍了几张照片，冲到坦克那里停了一下，壮壮胆，准备向海滩继续冲。

德国人在距海滩 25 码远的地方用炮弹和子弹建造了严密的防线，我找不到一点空隙。我只能躲坦克后面，反复念叨在西班牙内战期间学到的那句话：这回事大了。

涨潮了，潮水漫到了我胸前口袋里的遗书。最后，在两个伙伴的掩护下，我冲上海滩。我扑倒在地，嘴唇紧贴着法国的大地。我可没有打算吻它。

德国佬的弹药还很充裕，我恨不得找个地缝先钻进去，等安全了再出来。但是越危险就越有好机会。我把脑袋转向侧面，正好和昨晚一起玩牌的一个中尉来了个脸对脸。他问我，知道他看到了什么吗？我说，我不知道。我想他除了能看见我的脑袋就看不到别的了。他低声说：“我告诉你吧，我看到我妈在门廊前，挥舞着我的保单。”

圣罗兰滨海肯定曾是法国中小学教师的度假胜地，虽然单调乏味，物价却很便宜。而 1944 年 6 月 6 日的今天，它是全世界最丑陋的海滩。海水和恐惧弄得我们精疲力竭，我们被迫平躺在大海和铁丝网之间那条窄长的沙滩上。靠它的斜坡作脆弱的掩体以躲避德国佬的子弹，但是潮水使劲地把我们向铁丝网推，德国佬的子弹正在那里自由穿梭。我紧贴着地，向朋友拉里（Larry）爬过去，他是爱尔兰人，团里的随军牧师，骂人的水平绝对一流。他冲着我吼：“该死的半个法国佬！现在不舒服了吧，你这该死的当初回部队来干什么？”得到牧师的祝福后，我掏出第二架康泰时照相机，不敢抬头就随便拍了起来。

从空中往下看，“简易红”肯定像打开的沙丁鱼罐头。而从沙丁鱼的角度拍摄的话，我的照片前景上全是湿透了的靴子和发青的脸。在靴子和脸的上方，画面的纵深上全是榴霰弹的烟，背景是烧毁的坦克和下沉的登陆艇。拉里翻出了一根没湿的烟。我从后裤袋里摸出那只装满酒的银酒壶，把它递给拉里。他歪着脑袋，用嘴角喝了一大口。然后递给了我另一个密友犹太医务兵，医务兵像拉里一样喝了一大口。我也用嘴角喝了一大口。

接着一发迫击炮弹落在了铁丝网和大海之间，每一具士兵的尸体上都能找到弹片。爱尔兰牧师和犹太医务兵是首先从这片“简易红”上站起来的人。我拍下了这个镜头。第二颗炮弹的落点更近。我没法把眼睛从康泰时的取景器上移开，我发了疯似的拍着，一张接一张。半分钟后，我的照相机卡壳了——胶卷拍完了。我伸手在包里掏出一卷新的，但没来得及把它塞进照相机，我冻得发抖的手便把它弄坏了。

我停了一会儿……心情糟透了。

没有胶卷的空照相机在我手中颤抖着。一种新的恐惧让我从发梢到脚指甲不停地颤抖，我的脸已经扭曲变形了。周围的人都躺着不敢动。我取下工兵铲，想挖一个洞。铲子撞在沙子下的石头上，我又把它扔了。只有尸体在海平面上随浪头翻滚。一艘登陆艇顶着炮火靠近岸边，带红十字标记钢盔的医务兵们纷纷跳下艇。我失去了基本的判断。我只是站起来，冲向登陆艇。在两具尸体中间，海水淹到了我的脖子。逆向的潮水猛推我的身体，每个浪头拍打着我钢盔下露出海水的脸。我把照相机高高举过头顶，突然间意识到，我这是在逃跑。我试图回去，但我真的无法再面对那片海滩，我对自己说：“我只是想回艇上把我的手弄干。”

我冲到艇边时，正好赶上最后一名医务兵下艇。我开始往艇上爬，爬上去的那一刻，我感到一震，接着周围落满了羽毛。我心想：“怎么了？有人杀鸡？”接着看见，艇身上部的驾驶室被轰掉了，羽毛是从被炸死的人的棉夹克里飞出来的。艇长哭叫着，他的大副被炸碎了，溅了他一身血，他现在一团糟。

小艇开始倾斜，我们缓缓地驶离海滩，想在沉船前回到母舰。我下到轮机舱，烘干双手，给两台照相机都上了新的胶片。我重新回到甲板，及时地给硝烟笼罩的滩头阵地拍下最后一张照片，又给在甲板上献血的船员们拍了几张照片。另一艘登陆艇靠了过来，把我们从正在下沉的船上接过去。在波涛汹涌的海面上搬运重伤号无比艰难。我放弃了拍照。我帮着抬担架。登陆艇把我们带回到6小时前离开的“蔡斯”号上。第16步兵团的最后一波进攻部队正在下水。但甲板上已经到处都是被接回来的伤员和阵亡的士兵了。

我放弃了回海滩的最后一次机会。凌晨3点，在食堂身穿白色制服、戴着白手套给我们打饭的小伙子们，现在满身血污，正在把死尸缝进白色的尸袋里。其他水手正从那艘快要沉没的登陆艇里把担架拉上来。我继续拍照。突然，我眼前变得模糊……

醒来时，我躺在床铺上。脖子上挂着的卡片上写着："疲惫病例。没有身份牌。"在我光着的身子上盖着条粗糙的毯子。照相机放在桌上，我知道我是谁。

第二张床铺上是另一个光着身子的年轻男子，他两眼死死盯着天花板。他脖子上的标签上只写着："疲惫病例。"他不停地重复着："我是个懦夫。"他是在第一波步兵前面的10辆水陆两栖坦克中唯一的生还者。那些坦克全都沉在了波涛汹涌的大海里。他说他应该留在海滩上的。我对他说，我也应该留在海滩上的。

那天晚上，我们上了回英国的船。坦克兵和我都在捶胸顿足，坚持说对方无可指责，自己才是真正的懦夫。

早上，我们在威茅斯靠了岸。20个没被批准上前线的记者正在码头围堵我们。他们急不可耐地想采访每一批亲历战争后回来的人。我听说另一个被派往奥哈马海滩的摄影记者两个小时前就回来了，他没有下过船，连海滩的边都没有踩过。现在他抢拍到的照片成了独家新闻，正在回伦敦的路上。

我被当成了英雄。他们要派一架飞机送我回伦敦，在广播中宣传我的经历。我谢绝了一切。因为昨天的经历让我无法忘怀。我把胶片寄了出去，换了一身衣服，搭乘第一艘船回到了海滩。

7天后我得到消息，我在"简易红"拍的照片是这次进攻中最棒的照片。但是，暗房工作的伙计太激动，在烘干底片时温度调得太高，胶片熔化了，在伦敦办事处所有人的眼皮底下熔化了。106张照片只抢救出了8张。那些因为过热而变模糊的照片下面的说明文字是：卡帕的手抖得很厉害。

第十章　诺曼底登陆

当晚回到海滩后，我在诺曼底的一个谷仓里找到了我的同事，他们在那里建起了在法国的第一个新闻记者营地。他们围着半根蜡烛，坐在稻草上，喝着木桶里一加仑装的黄色液体。一架盖上了盒子的打字机被当成了桌子。

这是 D 日后的第二天，他们喝的是诺曼底人酿制的一种苹果白兰地，名叫卡尔瓦多斯（Calvados）。这聚会有点像一种法国式的守灵仪式，纪念的是我。因为有军士报告说我死了，他看见我的尸体漂在水面上，脖子上挂着照相机。我曾经失踪了 48 小时，我的讣告是刚刚由新闻检察官颁布的，我的死现在成了官方消息。我突然出现在他们面前，使他们感觉，之前不但是在浪费感情，还在浪费卡尔瓦多斯。随后，他们把卡尔瓦多斯正式介绍给了我。

我们的滩头阵地太小了，根本无法给 20 万人供应卡尔瓦多斯。当我们准备对瑟堡发起进攻时，那可怕的玩意儿的价格已经翻了四番。瑟堡是一个重要港口，此外，情报部门所有的情报中都显示，德国人在那里有个大补给品仓库，里面堆满了纳粹国防军的上好法国烈酒。不幸的是，情报还显示，那里同样堆满了各种武器。

进攻时，我加入了最有战斗经验的第 9 步兵师。指挥官埃迪少将（Major General Eddy）是一位进攻型的军人。德国人躲在精心建造的堡垒中，虽然抵抗很顽强，但还没有顽强到宁死不降的地步：当有第一个美国士兵冲到他们面前时，就不顽强了。他们就会举起双手，喊着“Kamerad（朋友）”并且要烟抽。第 9 师端掉了一个又一个碉堡。我恢复了勇气，拍了许多近战的照片。

对瑟堡发起总攻的那天早上，我加入了第 47 团的一个营。和我在一起的还有厄尼·派尔和我尊贵的老板查尔斯·沃顿贝克（Charles Wertenbaker），他是《时代》

和《生活》欧洲全体职员的头儿。

我们觉得，第 47 团最有机会第一个攻入市中心。我们不想当靶子，可又实在不愿落在别人后面。打进第一条街时，下起了瓢泼大雨。德国人从窗户后朝我们打冷枪，我们只能贴着墙走，从一个门冲向另一个门，交替寻找掩护。

查尔斯说他太老了，不想再像印第安人那样跑来跳去；厄尼说他太老了，而且非常害怕；我说我还年轻，而且，在雨中根本没法拍照。

我们不在乎是否能成为第一批到达瑟堡的记者，但我们在乎那个仓库。因此我们小心翼翼地跟在我们那个营的后面。

我们的第一个目标：瑟堡陆军医院。第 82 空降师大约 250 名受伤的士兵被解救了，我们找到了大量的补给，在地下室翻出了最好的法国瓶装酒。厄尼在采访被解救的伤兵，查尔斯采访被俘的德国医生，我直扑酒窖。我来迟了。第 47 步兵团每个士兵的胳膊、上衣、口袋都鼓鼓囊囊，装满了宝贝酒。我乞求一个兵给我一瓶，可是他笑道："你是厄尼·派尔我就给。"我跟第二个大兵套近乎时换了个法子。我求他分一瓶酒给厄尼·派尔，他果然分了一瓶给我。不久，我便收集到不少本尼迪克特甜酒和白兰地作为战利品。查尔斯和厄尼都没有提出任何异议。

与此同时，埃迪将军也找到了他想要的战利品：德军瑟堡指挥官冯·施利本将军（General von Schlieben）[1]。他是我们抓到的第一个高级将官，我非常想给他拍照。但他总是背对我，拒绝拍照，并且用德语对他的副官说，他讨厌美国人搞的新闻自由。我用德语回敬道："我也讨厌给德国败将拍照。"他被我激怒了，猛地转身向我冲来。我抓拍到了他的照片——拍得非常好。

随着圣洛被突破，我们的第 1 军彻底撬开了德军的防线，巴顿将军配有重装甲坦克的机械化第 3 军迅速地穿过了突破口。我加入他的第 4 装甲师时，他们正飞快地在沿海公路向布列塔尼半岛推进。道路两旁，兴奋的法国人高喊着："Bonne Chance！"（祝你们好运！）路标上写满兴奋："距巴黎 90 公里……80 公里……"

最初经过的几个城镇遭到了我方空军的战术打击，虽然我们的目的是切断撤退中的德军的通信，但是那些城镇损失惨重几乎成了废墟。那里的法国人一半是快乐

1 卡尔·威廉·冯·施利本（1894—1964），时任法国诺曼底第 709 海防师师长。——编者

一半是抱怨，他们说，如果我们不是在那些无辜的城市里投下那么多的炸弹，而是给法国地下抵抗组织投下同样多的武器，那么死的德国人会更多些，而法国人就会更少些，也会更容易达到我们追求的效果。

海边小镇布雷阿勒是我们到达的第一个没有被战争伤害的小镇。德国人已经全逃跑了，对我们的欢迎开始了。这里的法国人百分之百的快乐。提供的食物非常棒，酒吧里的第一杯酒是免费供应的。

小镇的法国抵抗组织很强大，他们的代表很友好。年轻的小伙子和姑娘肩上扛着步枪来找我们听候调遣。与他们的会合点是拍蒂特旅馆，当晚那儿成了我的私人总部。

旅馆老板也是抵抗组织成员。他说，他剩下的最后一瓶最好的香槟，就是为了今天。他请了抵抗组织里两个最年轻漂亮的姑娘过来，开了那瓶好酒举行我们的欢庆仪式。第 1 步兵师的年轻少校保罗·盖尔（Paul Gael）中途撞进了我们的聚会，我们早就认识他，他在这个区域没有任务，完全是私人拜访。那瓶香槟很快就喝完了，但老板想起他还有最后一瓶。最后，当晚我们喝了许多个最后一瓶。盖尔教抵抗组织的漂亮姑娘吉特巴舞，而抵抗组织的漂亮姑娘则教会他最基础的法语。

半夜的时候，老板困了，姑娘们背起步枪说，她们的爸爸很严厉，必须回家了，不然要挨打的。盖尔少校也走了，因为他怕他的将军会找他。

猛烈的敲门声把我从睡梦中揪了起来。盖尔那位忠心耿耿的胖司机闯进了我的房间。他的衬衣撕破了，到处都是血。他上气不接下气，激动得语无伦次。好不容易我才弄明白了他的话。派对结束后，盖尔上校兴奋过了头，不肯回师部。他想做一件一鸣惊人的事，那就是去解放一个法国镇子。离这儿只有 12 英里，一个中等大小的镇子，叫格兰维尔，盖尔相中了那里。于是，他擅自带着他的司机，闯进了格兰维尔，与德国人交战。但那里德国人比他们想象的多得多。盖尔叫他的司机回来请援兵，而他会趁着夜色，设法抵挡住德国人。司机求我赶紧想办法救少校，如果我还想见到活着的上校的话。

我马上赶到第 4 装甲师的师部。他们说，如果盖尔还活着，他上军事法庭，而且第 4 装甲师得到的命令是要绕过格兰维尔。不过，最后他们还是给了我 3 辆巡逻车，清晨，我们赶到了格兰维尔。我们发现整个小镇处于热烈庆祝的状态。镇政府上空飘扬着法国国旗，也飘扬着美国国旗，一群“法国国内武装部队”的战士正扛着保罗游行。跟在他们后面的队伍高唱《马赛曲》，亲德的姑娘们被圈了起来，给她们剃光头的活动进行得很顺利。

整件事情的大逆转令人惊讶，但是盖尔三言两语就说清楚了。昨夜，他正在和德国人一决胜负的时候，一个留着一把特大胡子的小个子男人带着一支老枪加入了他一方，把他领到了法国国内武装部队的藏身处。盖尔自任司令，任命特大胡子为参谋长。盖尔发誓说，那个小个子打起仗来像头狮子。他们总共击毙了 17 个德国人，俘虏了 150 人。

庆祝活动到中午才结束。保罗像骑士那样亲吻了特大胡子的双颊，并和其他战士们道别。保罗、司机和我又累又饿，我们开始寻找一家好餐馆。格兰维尔的所有公民一致推荐我们去最好的“大酒店”。我们找到了那地方，它看上去还真像那么回事儿。餐厅里很干净，桌椅摆放很整齐。摆满开胃酒的吧台后面，坐着一位一身黑衣的大块头夫人。她用怀疑的眼光看着我们，招呼我们坐下，她叫来老板。老板来了，系着雪白围裙，头戴超高的厨师帽。小个子，特大的胡子。不是别人，正是保罗的那位英雄。他递给我们菜单，瞥了一眼那位大块头夫人，很粗鲁地问道:“该谁来埋单？”

并不是每个人的日子都过得那么快乐。巴顿的装甲部队向前推进的速度很快，基本没遇到什么抵抗。但步兵们不得不苦战，以确保德国人不至于切断巴顿的后路。

厄内斯特·海明威给在格兰维尔的我捎来信。从法国战役一开始，他就把自己跟第 4 步兵师捆在了一起。他说，跟着步兵才能拍到好照片，我不应该跟在坦克后面瞎转悠。他派了一辆新缴获的非常气派的梅赛德斯来接我，我极不情愿地上了车，被拉到了他的地盘。

那缝了 48 针的伤口并没有在“老爹”头上留下什么明显的痕迹，他还剃掉了影响形象的胡子。他见到我非常高兴。他现在是第 4 师的荣誉成员，他的胆识、军事才能和他的作品同样受到极大的尊重。他在师里有一支自己的小特遣部队。巴顿将军把泰迪·罗斯福前任副官史蒂文森中尉派给他做联络官。他还有自己的厨子、司机，以及一个曾经拿过摩托车赛冠军的摄影师，他还有自己的苏格兰威士忌配额。

他们本来都是公共关系部的人，但是在“老爹”的影响下，变成了一群嗜血的印第安人。像海明威这样的战地记者是不允许带武器的，但他的特遣部队什么武器都有，有美国造的，也有德国造的。他们甚至有机械化设备，除那辆梅赛德斯外，还有一辆缴获的跨斗摩托车。

“老爹”说，几英里外正在打的一场仗有点意思，我们也该去。我们在跨斗摩托车里装了几瓶威士忌、几挺机枪和一捆手榴弹，就向那里出发了。

“老爹”已经摸清了第 4 师第 8 团的夺回一个小镇计划。一小时前，那个团开始进攻村子的左翼，他认为我们可以开着车子出其不意地从右翼包抄。

他在地图指给我看那样做有多么容易，但我觉得这不是个好计划。我说：“匈牙利人的战争哲学是跟在大部队后面，决不擅自行动，更不要说在没有大部队的情况下去抄敌人后路。我可以留下，但是我不会打仗，我可以跟着你，但我保留意见。”“老爹”用厌恶的眼神看着我。

我们开始向那个村子进发。“老爹”、红头发司机和摄影师坐着跨斗摩托车在前面开路，斯蒂文森中尉和我在他们后面 5 码远的地方跟着。我们边查看地图边小心翼翼地跟着。最终，我们到了最后一个急转弯，拐过去就是去村子的大路了。村子方向没有听到枪声让我很不安。“老爹”用枪指着我的嘴，发出“砰砰”声，我跟了上去，心里开始有不祥的预感。他刚拐过弯道，就传来强烈的爆炸声，那是村子入口处一辆德国人的轻型坦克打过来的炮弹。“老爹”被从车上掀起后掉进了路边的壕沟里。红头发和摄影师丢下他和摩托车跑了回来。我们四人在弯道的这边，有弯道作为掩护很安全。“老爹”在弯道那边，情况不是很好。那个壕沟不但狭长，而且不是很深，他的屁股露出来至少 1 英寸。德国人的子弹和炮弹零星地砸在他左右。他就那样趴在那里不敢动，直到 2 个小时后德国人把炮筒转向姗姗来迟的第 8 团。

“老爹”爬起来就逃，逃回弯道这边后，他勃然大怒。主要是生我的气，因为在他危急的时候我袖手旁观，他认为我想拍到著名作家尸体的第一张照片。

当晚，“战略家”和我这个“匈牙利军事专家”之间的关系还有些紧张。

开往巴黎的第 3 军在召唤我，他们已经到了距巴黎大约 60 英里远的拉瓦勒，我匆匆赶去。那里只有零星的枪声，一排排精神沮丧的德国战俘，我们解放了朗布依埃，又一个城镇上了捷报。这是解放巴黎前的最后一站，出于政治原因我们要停一下。

巴黎人民起义了，他们和德国人展开了巷战。鉴于此，盟军最高司令部决定让戴高乐（De Gaulle）将军的精英部队——全部美式装备的法军第2装甲师，作为全军的先头部队。

那个法国师在朗布依埃集结，准备最后一战。他们是一群融合得很好的战斗人员。跟随蒙哥马利（Montgomery）将军在利比亚沙漠赢得荣誉的法国水兵，穿着破旧的军装，还戴着有红绒球的水兵贝雷帽。西班牙共和军、塞内加尔黑人部队，还有从德国集中营被解救出来的法国军人。所有人已经洋溢出胜利的欢笑。

各国的新闻战地记者蜂拥而至，开始秘密地谋划如何才能第一个进入巴黎，在那个伟大的城市发出最具历史性的报道。

海明威在“自由法国”和新闻大军到达之前早就占领了朗布依埃。他的特遣部队在抵抗组织中又招募了一批热血沸腾的年轻人，现在已经从4个人扩充到了15个人。他的队员们模仿着“老爹”那熊一样的水手步。用不同的语言叫他“老爹”。他们每天带的手榴弹和白兰地甚至比整个师还要多，每晚出动去骚扰朗布依埃与巴黎之间的德国人的残留部队。“老爹”的军队里再也没有“匈牙利军事专家”的位置了，我重新和查尔斯·沃顿贝克混到一起，他有辆吉普车，向巴黎冲锋时能派上用场。

8月24日，法国师的坦克斗志昂扬地出发了。25日夜，我们在一个写着“PORTE D'ORLÉANS—6 KILOMETERS（通往奥尔良——6公里）”路标下面露营。这是我睡过的最好的一块路标。

第二天早晨是个令人兴奋的早晨，太阳出来得比平时早，我们顾不上刷牙那些事了。坦克已经轰隆隆地上路了。在路上，连我们的司机——一等兵斯特里克兰（Pfc Strickland），也忘了他那弗吉尼亚人固有的礼貌，每隔5分钟就兴奋地捅一下我老板那高贵的肋骨。

我们的吉普车在离巴黎只有两英里的地方被法军第2装甲师的一辆坦克拦住。他们接到勒克莱尔将军（General Leclerc）的命令：除法军第2师以外，其他所有人不得进城。那老小子真是越来越讨厌了。我跳下了吉普，跟装甲兵理论。他们说的是有西班牙口音的法语。接着，我看到坦克的炮塔上刷着：TERUEL（特鲁埃尔）。

1937年冬，我曾经跟随西班牙共和军打过一次大胜仗，就是特鲁埃尔战役。我对坦克里的兵说：“不，伙计，你不让我过去是不公平的。我是自己人，我参加过那场极其残酷的特鲁埃尔战役。”

他们答道：“如果你说的是实话，那么你应该成为我们中的一员了，那你得上来，和我们一起坐着特鲁埃尔号打进巴黎去！”

就这样，我爬上了坦克。查尔斯和斯特里克兰坐着吉普跟在我们后面。

去巴黎的路上畅行无阻，巴黎人全都拥到大街上，就为了摸一摸第一辆进城的坦克，吻一下第一个进城的士兵。他们一边欢唱一边叫，这么早的早晨从来没有过这么多人。

我感觉进巴黎的这条道是专门为我铺的。我坐在美国造的坦克上，开坦克的是多年来并肩作战的反法西斯主义同盟的西班牙共和主义者。而这个美丽的城市，是最初教我学会了吃、喝、玩、乐的地方。

照相机取景器里无数的脸庞变得越来越模糊，取景器和我的眼睛都受潮了。我们驶进了我曾经生活过 6 年的那个街区。经过贝尔福狮像（Lion of Belfort）附近我住过的那幢房子时，那个老看门人在向我挥动手绢，我站在坦克上冲着她大声喊叫："是我，我回来了！"

我们的第一站是蒙帕纳斯酒店的圆顶咖啡馆门前的大街上。我最喜爱的桌子空在那里。一个身穿着浅色衣服的姑娘爬上我们的坦克，我们脸上很快就印满了口红印。我们中最帅的西班牙小伙子最受青睐，可他还是嘟囔着："和被巴黎最美丽的姑娘吻相比，我更想被马德里最丑的老太婆吻。"

议会大厅的战斗不可避免，有些人脸上的口红被鲜血洗去了。晚上，巴黎彻底解放了。

我想在巴黎最好的里茨酒店里过胜利后的第一夜。但是，它已经被海明威的特遣队占领了。他们是从另一条路进巴黎的，经过轻松而短暂的战斗，从德国佬手里解放了里茨酒店。红头司机守在门口，高兴得张开掉光门牙的嘴巴，惟妙惟肖地学着"老爹"的口气说："老爹占领了这里最好的酒店，地窖里有无数的好东西，你快去吧。"

他说的全是真的，我和"老爹"重归于好了。他给我开了个派对，还给了我最好的房间的钥匙。

第十一章　解放巴黎

巴黎解放日是全世界最难忘的一天。解放日过后的第七天是最令人沮丧的一天。再也没有免费的食物、香槟，姑娘们也都回家去讲解放的故事了。商店关了门，街上空空荡荡，突然间，我们意识到战争并没有结束。其实它就在 25 英里外进行着。

当天，我坐在斯克瑞博酒店的酒吧里，这是军方给战地记者最好的待遇。我在教加斯东（Caston）调一种最提神酒："受虐狂"。当他在那儿使劲摇匀番茄汁、伏特加和伍斯特沙司时，我却在为高贵的战地摄影艺术敲丧钟，它倒在了 6 天前的巴黎街头。永远没机会再拍出像北非沙漠或者意大利山区中的步兵那么好的照片；也不会再有另一个诺曼底登陆；没有任何一次解放能与解放巴黎相提并论。

我对加斯东说，回前线已经毫无意义。从现在开始，我再也拍不出新花样了。每个卧倒的士兵，每辆奔驰的坦克，每处狂欢的人群，只不过是我之前在某处拍过的某个场景的再现。

加斯东给我倒了一杯调好的酒，我喝酒的时候，他开始怀念他的英雄事迹。

被占领时期，他曾在法国南部马基群落参加游击队，那儿的战士大部分是流亡法国的西班牙共和党人，他们的司令官叫阿尔瓦雷兹将军（General Alvarez）。他们没有坦克，只有少量轻型武器，但他们打仗都很勇猛。

加斯东说："现在法国南部已经解放了，我把我的枪换成了鸡尾酒的调酒棒。但西班牙人没有放下武器。他们要翻过比利牛斯山，从佛朗哥（Franco）手里把他们的西班牙解放出来。"

我喝完了那杯酒，觉得又有动力了。

回顾 1939 年 1 月，那时法西斯占领了巴塞罗那，从巴塞罗那到法国边境的漫长道路上，黑压压的都是逃避佛朗哥雇佣军的人群。知识分子、工人、农民、商人，他们扶着老人，带着老婆牵着孩子，跟随在溃败的西班牙共和军和幸存的军车后面。带着所有值钱的家当，靠两只走出水泡的脚，一步步走向民主自由的法兰西。

这事儿上过报纸，我也拍过他们的照片。但世界并不十分偏心，短短几年后，在其他国家的许多道路上，更多的难民在奔跑着，他们都是败在同一支军队和同一个万字饰的徽章下。

法国宪兵是饱汉子不知饿汉子饥，他们对精疲力竭的西班牙难民根本就漠不关心。几千名马德里旅的士兵掩护着大批的难民撤向法国。他们一直在难民潮的最后边与敌人激战，直到最后一个难民进入法国之后，他们也再无回天之力，只好跟着进了法国。他们的指挥官莫德斯托将军骑着白马庄严地矗立在边境线上。马德里旅的队伍行进在火把摇曳的微光中，他们的步枪擦得闪亮，他们高高昂起头，他们眼含的热泪在火光中照耀星空。每个人从将军身边经过时，都举起右手握紧拳头，高喊："我们会再回来！"

法国宪兵被他们震惊了，不由自主地抬起手臂向他们敬礼。但没有多久，整个马德里旅被安置在了集中营内。

在图卢兹的"法国国内武装部队"总部，阿尔瓦雷兹将军接待了我。他年轻而敏锐，急于反击。但是他必须等待盟国的指令。他满怀信心地认为，那天马上就会到来。盟国在通往罗马和柏林的路上付出了很大的代价，接下来该去马德里了。

他邀请我去参观他的部队。他有大约两万人，集结在比利牛斯山法国一侧的边境小镇上。

我到那里时，西班牙兄弟们正在一家旧宾馆里举行一个盛大的派对。他们唱着歌，用一种双颈大瓶喝红酒。他们手握粗颈的一边，把瓶子高举过头，用嘴角接住从细颈一边倒下来的"潺潺"的红酒。

屋子中间，一个来自安大路西亚的深色皮肤的吉普赛人正在唱弗拉明戈舞曲。唱到叠歌时，大伙儿击掌附和一声："嗬！"在吉普赛人后面上场的是一个悲伤的加泰隆人[1]，他唱的是他们家乡那种忧郁的霍塔舞曲。其他加泰隆人一边听，一边流

1 主要分布在西班牙东北部的加泰罗尼亚和巴伦西亚，以及巴利阿里群岛和阿拉贡部分地区。——编者

露出忧伤的目光，大伙儿则在每一首歌结束的时候高喊："好！"接下来上场的是个加利西亚[1]人，他长着一张淳朴农夫的脸庞，他歌唱绿色的田野和高高的山峦。他唱了许多首类似的歌，每唱完一首，大伙儿总是让他再来一首。

一个瘦瘦的男人，一直没有拍过手也没有发出任何声音。该他登场了。他左前胸佩戴着许多勋章，每一个都代表一场大战，有的在西班牙，有的在法国。他用西班牙语唱了一首我从没听过的歌，那美妙旋律我们好像谁都不熟悉。

他唱完后屋里一片寂静。然后有人问："兄弟，告诉我，这是哪里的歌？"

他答道："阿兰山谷，离这儿只有 20 英里的小山谷，只有 3 个被群山环抱的村子。那里不归法国管，也不归西班牙管。就是那里的歌，我的诺维雅（Novia）在那里等我好多年了。"

一个肩膀上扛着军衔的大胡子站了起来："我是阿兰山口哨卡的指挥官。我建议，现在就去那个山谷。"

所有人都赞同他的提议。客栈里的人们都自告奋勇翻过大山，去解放那个如歌声般美丽的小村，还有那个叫诺维雅的姑娘，她等待这个 20 英里外的男人有 6 年了。

他们打电话给图卢兹的总部请战。但阿尔瓦雷兹将军不同意，命令原地待命。大家变得很郁闷。酒桶被喝空了，参加派对的人渐渐散去。

这时总部来电了。这次的命令是：批准 150 人的小分队渗透过去。在 24 小时内返回法国境内，避免战争。渗透任务的目的是了解西班牙人民对他们流亡在海外的兄弟抱什么态度，确认他们是否知道我们一直在继续和法西斯战斗。

总部说，我作为一个美国人必须留下，至多可以到哨卡看看，以免造成不必要的国际争端。

我们 100 多人爬上了卡车，小心翼翼地沿着一条蜿蜒的公路，向 8000 多英尺高的边境哨卡行驶。我们在哨卡下了车，所谓哨卡其实就是一幢木头小屋。一条狭长的山路直上云霄，翻过山顶，山的那边是西班牙。

我和大胡子指挥官留了下来。其他的人扛着步枪，排成一路纵队，消失在了雾霭之中。

1　波兰城市，长期为俄罗斯和奥匈帝国的争抢之地。——编者

我们在哨卡里生了一盆火，煮了些很浓的咖啡，边喝咖啡边等消息。上午 11 点，马德里电台紧急插播了一条重要新闻："上万名原西班牙籍的暴徒，身穿法军军装，手持美式武器，已经从共产主义法国侵入我国边境。军队和长枪党的机动部队已经进入了高度戒备状态，战争一触即发。"

大胡子说，佛朗哥从小就是个孬种，生下来就会说谎话。哨兵们都表示赞同。接着，法国电台也播发了一条特别公告："所有和法国国内武装部队并肩作战的西班牙人，将被移至距边境至少 20 英里以外。擅自穿越西班牙边境者将被解除武装并被拘禁。"指挥官低声咒骂了几句骗子孬种。我们都非常担心。

没过多久，满载法国正规军的军车开到了哨卡。他们命令指挥官和他的哨兵立刻撤退，回图卢兹报到。我留了下来，和法军一起。天黑了，但西班牙人一个也没回来。我们围着火展开了争论。有的法国人抱怨那些该死的外国佬总是惹麻烦。有的法国人还记得那些该死的外国佬曾经与他们英勇地并肩作战，从德国人手里解放了在座的一些人的家乡。不过他们认为必须执行命令把西班牙人拘禁起来。

半夜，哨兵进来了，他的军装上沾了厚厚的一层雪。法军上尉说，这天气太糟了，西班牙人翻回上面的山口时，脚会冻掉的，他们是自找的。但是他们并没有回来，整夜只有厚厚的雪花飘进来。

早晨，地上的积雪已经两英尺厚了。洁白的雪花仍然在漫天飞舞，法国人说，现在不可能有人翻过山口了。

可是，上午 10 点，雪雾中一个细小的身影缓缓地向小屋挪了过来，他在被大雪覆盖的道路上留下了一串深深的脚印。他一人，扛着 6 支步枪。法国哨兵拦住了他，他缴了枪，说你们来吧。法军上尉惭愧极了。他低声咒骂着，说逮捕一个背着 6 支步枪穿过暴风雪回来的人是可耻的。他们叫他赶快消失，到下面村子里去把脚烘干。西班牙人临走前，回头望着山顶说："后面应该还有别人。"然后缓缓离去。

第二个出现的人背着他受伤的同伴。他们两个也不能逮捕。到中午，总共回来了 37 人，他们全都是英雄，他们的状态都不是很好，谁可能逮捕他们呢？

渐渐地，我了解了事情的来龙去脉。昨晚他们翻山过去，进到那个小村子时，整个村子都出来迎接他们。牧师说，所有人都知道他们在外和德国人打仗的事，一直在为他们祈祷。他们搞了个盛大的派对。他们正高兴的时候，突然有人送来警报说：附近一个驻地的长枪党正往这里来。后来他们边打边撤，没想到往山上撤的时候突然下起大雪了。这场大雪不但拖慢了撤退的速度，而且使他们成为长枪党在雪地上的活靶子。许多人倒下了，他们永远地倒在了西班牙冰冷的雪地里。

最后回来的是那个唱陌生曲子的瘦子，他后边还踉踉跄跄地跟着两个穿佛朗哥的长枪党军装的小伙子。瘦子被冻得嘴唇瑟瑟发抖，坐到火盆边，大家叫小伙子们脱下鞋子烤脚。

我把我的酒壶递给他喝，他用沙哑的声音告诉我，那两个小伙子是他的诺维雅的弟弟，被迫参加了长枪党。他们撤退时，姑娘和两个小伙子都跟着他。到半山腰时，他们做了最后的选择。小伙子们要参加法军去打德国人。诺维雅得回村子去照顾老母亲，她会一直等他回去的。

回西班牙的路会很漫长。西班牙丑老太婆也许等不到献出那个吻就已经死去，而那些能活着回去的士兵，可能已经年迈得没有年轻的姑娘愿意去吻他们了。

第十二章　战士的品格

回到斯克瑞博酒店时，前台说有人在酒吧里等了我整整 3 天。吧台后面，加斯东正在为一位年轻的美军少校调酒。克里斯升官了。

从远处都能看出他宿醉未醒。我拉了把椅子坐在他身边。他透过杯底看见了我，放下杯子对我说："是时候了，我们该回伦敦了。"

粉红女郎从伦敦寄来的最后一封信其实已经有了暗示，但这似乎并不能成为克里斯这么早就喝得口齿不清的理由。我问："最后通牒是什么？"

"是的，你一直在给粉红女郎写信，但那是没用的，她说。现在你的巴黎也自由了，你就不能关心一下你丢在英国的东西吗？"

我解释说，现在我根本就回不去英国。我没有弄到英国的签证，没有军方的调令怎么上得了飞机。办这些事得花许多天。此外，我必须得回前线去，粉红女郎能再等等。

克里斯还是不肯罢休。他说："我已经全都搞定了，我借来了将军的飞机，机场的宪兵我能应付。不会出任何问题。我连明早带你回来的飞机都安排好了。"

我答道："那又有什么用，粉红女郎已经把我们的公寓退了。如果我偷渡回伦敦，我都没法登记住旅馆。"

克里斯马上反驳我："粉红女郎搬去多切斯特酒店了。她现在的情况真的很坏，你一定得去。我没法让飞机再等了。"

将军的飞机停在机场上，飞行员帮着我们上了飞机。克里斯在飞机上睡死过去了，我很焦虑，战争就要结束了，我真的不想再惹上麻烦。

我们在伦敦西北区诺斯霍特英国皇家空军基地着陆时，天渐渐地黑了，这时，克里斯活了过来。经过安检员面前时，克里斯把我往前一推，声音低低地对他们说，我有 V.O.C.G。在吉普车里，克里斯神秘地说，那不是传染病，它的意思是"将军口头传达的秘密指令”。

一进城，我们就给多切斯特酒店打电话。粉红女郎早就准备好了，她要我们去酒店附近的阿斯特俱乐部见她。

她穿了一身黑衣，脚上也是黑色的，和18个月前在亚德利家的打扮一样，但人瘦了，脸色苍白。她轻轻地吻了克里斯的脸颊，对他说：你是个乖孩子。然后，她转过脸看着我。

“你该回来了。”

“我现在不应该在这儿的。”

“你为什么不给我回信？”

“我们还是跳舞吧。”

我们只跳了一会儿，其他大部分时间只是在舞池中央站着。克里斯则在一旁看着我们。

粉红女郎说：“你对克里斯好一点，他恋爱了。”

“你不会连孩子都不放过吧？”

“别多想，他其实更爱你。”

克里斯过来截了一支舞，说他大三时是班级舞会上的舞神，他们可真是天生的一对。回到桌旁后，我们喝了一瓶香槟。粉红女郎又和我在舞池中央站了一会儿，和克里斯跳了两支舞曲。午夜之后，克里斯起身告诉我，我的飞机预定在早9点起飞，他早7点整在多切斯特酒店门口等我。

我们又待了一会儿，就离开了酒吧。在酒店门前，粉红女郎把403房间的钥匙给了我，然后说：“你先进去，我晚点上来。别朝服务台看，别犹豫，径直往电梯走。”

我按她说的径直走到电梯前，一个长着小眼睛、蜡烛一样的红胡子，身上穿着发亮的蓝色制服的大汉走到我面前。我表现得很轻松，和他对视了一下后，直直盯着他的红胡子看。可是没有起什么作用。

“对不起，先生，你登记过么？”他的语气无可反驳。

我答道：“嗯，还没有，我来看帕克小姐。”

他对我说：“帕克小姐的房间没有客厅，所以她无法在房间里接待访客，还有，她现在不在家，而我是酒店的警卫。”我都不知道和他说了些什么，然后逃出了酒店。粉红女郎正要进来。她嘲笑我是胆小鬼。

我们穿过公园路，来到了海德公园。我们的脚陷在被露水打湿的草叶中。粉红女郎的两只手一直插在口袋里。

“几个小时后你就又要回你的战场去了。”

“我没法不去。”

“你还会有有趣的事情可以报道。”

我不知道对她说什么好，即便黑暗中她看不出我说谎。

“我已经不漂亮了。现在如果你离开我，我会变得更……”

“不！你很漂亮。”

“要是我变丑了，我就不活了。”

我们又转回了多切斯特酒店黝黑的庞大身形旁，正门下渗出微弱的光。“这仗打不了多久了。”我的回答软弱无力。

“可你希望这该死的战争永远延续下去。”

我们又走回了湿草地。粉红女郎的长袜已经湿到了小腿，她的鞋上沾满了泥。我们经过“大理石拱门”，在一个指向防空洞的箭头前停了下来。我们向下面走去。那些钢丝床依然挤满了无家可归的人。那些伦敦佬疲惫肮脏的脸在睡梦中还是无比踌躇。夫妻也只能分睡在两个铺位上，孩子们挤在一张铺位上。看门人走了过来，让我们出示防空洞的门票。粉红女郎对他说，她只是想让她的美国朋友看看伦敦的另一面，但最后我们还是返回了公园。

光秃秃的树在雾中呜咽。夜色渐渐逝去，我们在多切斯特酒店旁转了许多圈。然后我请求粉红女郎去巴黎和我相聚。我说：“可以跟《生活》的女记者借一套战地记者制服，克里斯能把你偷带过来。”我跟着解释说，巴黎附近的奥利机场检查不很严，没有人会看她的通行证或护照。

她沉默了一会儿。然后，她提议去吃点早饭。

在里昂之隅餐厅，她脱去鞋子，在暖器上烘干长袜。她弯下腰重新把袜子穿上。她没抬头问道：“你真的想我过去？”

我说当然是真的。

她说：“嗯，这倒有可能，你能勇敢地背着降落伞跳出飞机，却害怕一个小小的酒店警卫，怕陷入情网，怕得要命。好，我去巴黎。”

她开始往脸上涂粉，倒上茶，然后说个没完。她突然变成了一个我不认识的粉红女郎。她想知道到哪里能买到艾佩芝香水，能否有机会穿晚礼服，是否要带一台配她制服的打字机，我们住哪里。我耐心地回答每个问题，还详细地描述了舒适的兰开斯特酒店。

茶和烤面包都凉了，但是早饭很尽兴。

早晨 7 点，我们在渐渐苏醒的多切斯特酒店门口找到了脸色发青的克里斯。他说他在车子里睡了一夜。粉红女郎和我吻别后进了转门。在车上，我把昨晚的事告诉了克里斯，他保证一定把粉红女郎带到巴黎。

他再一次用“V.O.C.G.”把我弄上了一架送急件的货机。临走前，他说“V.O.C.G.”的真正意思是“非常普通的卡帕走了”。接着他又说了一句：“希望巴黎的酒店里没有酒店警卫。”

我对他说，你别惹我发火。

第十三章　失意情场

加斯东在空空的吧台后面看报纸。勇往直前的巴顿将军又开始进攻了，并且已经渡过萨尔河进入德国。加斯东说，这可是件大事，所有的记者都去前线了。

在《生活》杂志巴黎办事处，我看到了一叠我纽约的老板发来的电报。他和加斯东的想法一样，催我马上加入巴顿的军队。于是我背起背包，回到了战场。现在我们是去德国佬的本土打仗，我希望我能拍出更激动人心的照片，也许拍出的照片会与以往大不相同。

我加入了驻防在萨尔河的第 80 师。他们已经有两个营渡河进入德国了。德国人把他们的重炮集中在那个小桥头堡。大多数炮弹砸在浮桥周围，因为如果没有了浮桥，那么先前进入德国的那两个营就无法得到食物和弹药的补给。

在萨尔山谷里，我发现了一种秘密的新式武器：从酒桶里发出的人造雾。它笼罩了整个地区，弄得谁也看不清鼻子前面两码以外的任何东西。那雾是一整个营的黑人士兵用火搞出来的。他们不断地烧出水蒸气，现在黑人士兵和白人士兵没区别，都是灰蒙蒙的人影。我停下来和一个黑人聊了起来。他说，每发炮弹都有生命，每次爆炸就是它和我说的话。一发炮弹在附近爆炸，他露出牙齿笑着说："它像是说'朋友，你一时半会儿回不了阿拉巴马'。"

爆炸掀起的灰尘和硝烟使雾更浓了，但这些丝毫没有影响美国大兵。我的吉普车缓慢地驶过拥挤的大桥。我好像是唯一害怕的人，但回到战场让我很兴奋。

我在萨尔河对面的一幢小楼的地窖中找到了营部。接下来的几天里，那里成了我的家。人造雾弄得根本没法拍照，我认为，军队发明这东西不仅是对付敌人，同时也是对付我们摄影记者的。我找到了一本《战争与和平》（*War and Peace*），躺在铺盖卷上，用火把的光读了五天五夜。

对任何人来说，这都不算是个好地方，对于摄影记者来说，这里更是让人绝望。

可我的行李卷很暖和，读书的感觉也很棒。至于外面的战争噪音，好像是在配合我的阅读。

我们在与世隔绝的地窖里，我们以外的房屋和街道都在打仗。我们根本就不关心其他地方的每日战报，但有一天我们收到了一份特别公告：冯·龙德斯泰特（Von Runstedt）率领的德军突破了我们的防线，正朝列日[1]进发。开始我们不相信，但是后来的所有消息都证实了那是真的。我把没有读完的《战争与和平》丢在了地窖里，跑回到对岸。

凡尔登第12军团总指挥部里拥满了人，闷热闷热的。德国人的进攻并没有停滞，目前我们还无法集结大量部队，暂时只有3个空降师在狙击他们。其中一个空降师已经被分割包围在一个叫巴斯托涅的小镇。他们后来成为这场战争中最伟大的传说之一——101空降师。

德国人的进攻把军事情报部门打了个措手不及。按他们的情报，那些德军要不是早就被干掉了，要不就是还在东线的战场上。现在的一切情报都是绝密的。但我还是在公共关系部的头儿雷丁上校（Colonel Redding）那里听到了一点口风。他说："如果你对巴斯托涅感兴趣，你最好去找第4装甲师。"他给了我一辆吉普，我跳上车，向巴斯托涅去了。

每隔几英里，我们就会被宪兵仔细地检查通行令和身份卡，我们还要回答不断变换的口令。即使我们答出口令，他们还坚持问我们一些非常愚蠢且令人哭笑不得的问题："内布拉斯加的首府是哪里？"他们甚至还问："上一次世界棒球职业锦标赛的赢家是谁？"他们解释说，德国人空投的间谍和渗透进来的小分队已经摸到我们的后方，他们穿着和我们一样的美军军装，嘴里说着地道的英语。我说的英语既不地道也不时髦。更糟的是，我因为不知道内布拉斯加的首府被抓了好几次，每次都要耽误好几个小时。

我们终于到达第4装甲师的师部，它离巴斯托涅有大约20英里。他们的坦克正向前推进，去解救被打得遍体鳞伤又缺乏补给的101空降师。

我按惯例去情报部门报了到。可我刚和上校说我是摄影记者，他们就又把我关起来了。他们把我塞在一个角落里，命令我面向墙站着——那样我就不可能看见军事地图了。他们联系上了雷丁上校，我又被放了。他们向我道歉，这个时候当敌侨可不是好玩儿的。

1　比利时的一个城市。——编者

再过两天就是圣诞节。大雪覆盖了一切，气温降到零度以下。我们的手和脚都冻僵了，冻得直流眼泪，我们不停地向巴斯托涅推进，去解救 101 师的兄弟们，我们甚至还给他们带了火鸡。我是跟着部队的所有记者中唯一一个玩儿相机的。我把所有的衣服都穿上了，外面还加了件在意大利时跟山地突击队借的带帽子的皮毛一体大衣。

我把冰冷的相机挂在胸前，就算戴着手套也非常冷，想多按几下快门已经很难了。离巴斯托涅还有 5 英里远的时候，我把吉普车停在了路边。一个步兵营在大雪覆盖的田野上向前推进，就好像雪白的地毯上又织上了许多或站或爬的各式各样的人影，而那些炮弹爆炸产生的硝烟飘在那些影子的上空。我爬到高处，把康泰时相机的镜头拉到最长，刚拍了几张，150 码外，步兵营的一个美国大兵举着冲锋枪对我大喊。我大叫着："放松点！"我的口音换回的是一排子弹。我有些犯难，我要是趴在地上照样会挨子弹。我要是往回跑的话，他会边追边开枪。我只好高高举起双手大叫："我投降。"3 个大兵端着枪向我跑来。当看清我胸前挂着两个康泰时和一个禄莱（Rolleiflex），3 个都是德国相机时，他们感觉一定是中大奖了。他们走到只有一枪托的距离时，我还保持着投降的姿势。我求他们看一下我前胸口袋里的证件。他们搜出了艾森豪威尔本人签发给我的摄影记者的特别通行证。一个家伙嘟囔着："你这个杂种，我刚才差点儿打死你。"跟眼前俘虏我的这 3 个美国大兵比起来，著名的漫画形象"受伤的糊涂兵"可开心得多。我放下投降的双手，给他们拍了照片，并保证他们的照片一定会登在《生活》杂志上。

我重新回到了坦克的行军序列中。坐在那个懒洋洋地操着得克萨斯口音的司机身旁，我觉得安全多了。

圣诞夜满天的星斗。我们停了下来，在冰冷的坦克旁聚成一小堆，大兵们分享着我的银酒壶，白兰地虽然是冷的，但它能暖身子。白天一直在拼命杀德国佬的大兵们，这会儿却在用各种口音紧靠在一起，唱着德国佬的圣诞歌。一会儿，一颗伯利恒之星闪现在巴斯托涅的上空。那是从一架德国佬的飞机上发出的，它是给 101 空降师送"圣诞礼物"的。我们用所有不堪入耳的话咒骂着德国佬，我们爬上坦克继续向前推进。

有 3 条道路可以通往巴斯托涅，我们兵分三路，我们给 101 师带的圣诞礼物是罐头和弹药，在 3 位英明的上校率领下，我们朝着那颗星的方向推进。

我的车跟着艾布拉姆斯中校（Lieutenant Colonel Abrams）指挥的部队。他像个抽雪茄的犹太王，发誓要第一个拿下巴斯托涅。

傍晚，经过多次激战，我们拿下了一个山顶。巴斯托涅就在我们下面，我们只剩下 3000 码的距离，那里有 2000 个德国佬在等我们。艾布拉姆斯命令所有坦克排成一排向前猛攻，命令所有的士兵跟在坦克后边向前冲，不许停，即使是瞄准的时候也不许停下来，直到拿下巴斯托涅。

德国佬要 101 师的指挥官麦考利夫（McAuliffe）投降时，这位将军只回答了："混蛋！"他欢迎艾布拉姆斯时则表现得非常热情："中校，见到你很高兴。"这可不是虚情假意的。

一座被烧焦的谷仓的残垣断壁上，被用白粉笔涂写着的，是麦考利夫将军的部队的传奇：KILROY WAS STUCK HERE（基尔罗伊曾坚守在这里）。

第十四章　1945 年春·欧战结束

大雪覆盖了整个巴黎，雪地上美国大兵和法国姑娘在打雪仗。德国人最后一次反攻也被打退了，最后一个严冬即将过去，这场战争将在即将到来的春天结束。

我在等粉红女郎。

《生活》杂志巴黎办事处那个老谋深算的头头儿埃尔默·洛厄（Elmer Lower），请我去开一个小会。他的办公桌上摆着两份电报。一份是纽约办事处发来的，说巴斯托涅的稿子是非常了不起的报道，作为奖励，进攻柏林时，我有 4 支美国部队可以挑。另一份电报是伦敦办事处财务部的头儿发来的，说他从始至终都不赞成把打牌输钱作为我的报销项目，现在他更不会同意给我的裁缝寄去一套女子战地记者制服的费用。

埃尔默有一个更吸引人的消息。除了那 4 支已经在战场上的美国部队之外，那就是还有第 5 支部队我可以选择——第一联合空降部队。据说结束这场战争的将是空投到柏林的空降部队。他说，这支 3A 级（triple-A）部队只能带 3 名记者：一个文字记者，一个电台评论员，一个摄影记者。图片共享联合体一致认为我堪当此重任。埃尔默还说，他不会逼我跳伞，但是如果我愿意去的话，他不会反对我行动前待在巴黎。

用一天的跳伞换 60 天和粉红女郎在一起的美好时光，似乎很划算，至少在第 59 天来临之前是这样。我接了这个差事，并发电报给伦敦，让他们从我的薪水中扣除那个鲁莽的裁缝的账单。

还有一封伦敦给我发来的私人电报是个短信息：卡帕、粉红女郎兰开斯特酒店 2 月 15 日。我现在住在为战地记者准备的斯克瑞博酒店，但我从 15 日起在兰开斯特酒店预订了两个最好的房间。

粉红女郎的“D 日”来了，我在“滩头阵地”准备了鲜花和香槟，等了一整天。

到了晚上，我发觉得自己在“滩头阵地”享受鲜花和香槟了。实际上，这场愚蠢而热切的期盼，在每天结果都一样的情况下持续了许多天。第 20 天，伦敦每天都发来的办公电报中有了一条粉红女郎发给卡帕的信息：取消兰开斯特的约会，任何情况都不要来伦敦，以后解释。我付了鲜花和香槟的账单，搬回了斯克瑞博酒店。

加斯东发现我很失落。他现在已经没有上好的白兰地可以卖了，但他依然是一个正直而了不起的家伙。我发表了一番对女性的见解。加斯东只简单地说了一句：“您应该考虑去参加些冬季运动。”

在大山中一个人孤傲地叼着雪茄，这个想法棒极了，我喜欢。还有，我之前认识的一个漂亮法国姑娘，她几天前刚去了法国境内阿尔卑斯山的梅热芙（Mégève）滑雪场。

我跟埃尔默·洛厄道别。我对他说，这次的买卖我亏大了，有消息的时候，拍电报到梅热芙找我就行了。接下来的 30 天，我在滑雪场上学习法式的滑雪技巧，那简直就是一场搏斗。每晚我都搂着热水保暖瓶，睡得很香。

埃尔默在春天才发来电报。是该让所有的滑雪者去跳伞了。我被晒得黝黑，身体更结实了，本来可以当个胆小鬼，但我还是回巴黎了。粉红女郎还是没有任何消息，加斯东建议：“先生该回战场了。”这个家伙消息很灵通。

这场伟大的对德空投结束了战争，而对德空投的序幕，由诞生于第一次世界大战并刻有著名“40 hommes et 8 chevaux”（40 人力加 8 马力）铭文的法国厢车拉开。为了诱骗德国佬的间谍，美军第 17 空降师被装进长长的货运列车，在整个法国境内转了 48 个小时。

玩了两天花样之后，将军们断定，我们部队和德国佬的间谍都已经够晕了，我们被卸到一个机场边上的封闭营地，这鬼地方距我们的出发地只有 60 英里。

到营地后，给我们预留了整理装备和调试心态的时间。空投的前一天，我们收到消息，和我们同行的还有一个英国空降师，空投地点是莱茵河的另一侧，也就是德军核心防线的对面。

在大战来临前，匈奴人和希腊人有杀掉白马和其他值钱的牲畜作祭品的习惯。那天下午，美国的空降兵拿他们的头发当了祭品，很多人用剃刀把脑袋剃成了印第安人的发型。他们的说法是，宁肯明天晚上光着脑袋活着，也不要留着头发丢掉性命。我没剃头，但我很想喝酒。背着个降落伞从飞机上跳下去是治疗宿醉的最好方法，所以上飞机前不好好地喝上一顿简直是人生的一大浪费。但第 17 空降师是一个没有头发也没有酒的师。

天黑前，一架小型幼狐飞机在我们上空盘旋了几圈后，降落在了营地中央。克里斯·斯科特少校来了。第 9 运输大队再次来载我们去执行任务，克里斯仍然负责新闻。他从伦敦来，带来了粉红女郎的消息和一个包裹。包裹里装的是一瓶苏格兰威士忌，克里斯给我讲了一个很长的故事。

他告诉我说，2 月 15 日，第 9 运输大队在英国莱斯特附近的总部举办了一场盛大的舞会。克里斯邀请粉红女郎去参加了。他打算舞会结束之后把粉红女郎和去巴黎准备带的箱子一起藏起来，然后安排她混上第一班飞往巴黎的飞机。

舞会极其成功，粉红女郎成了舞会的焦点。等舞会一结束，粉红女郎就换上那套战地记者制服，他们就赶去机场。不幸的是，一个和粉红女郎跳过舞的小伙子认出了她，见她又穿上了美军军装，就打电话报了警。

粉红女郎还没登机就被抓了。她不能供出克里斯，又不想我受牵连，于是就编造了一个谁也不会相信的荒唐故事。他们认定她是个间谍，她在强光审讯灯下坐了好多天，反复地讲那个没有人会相信的荒唐故事。

最后她虽然被释放了，但仍然受监视。也就是那个时候，她打电话给《生活》，要他们给我发了那个电报，叫我不要回伦敦。她本想写信，但信件会被审查，而在信件中她无法把整个事情说清楚，后来克里斯曾经两次飞来向我说明情况。可是，我那时候在滑雪。

最后克里斯说，粉红女郎现在已经回家陪她的父母去了。这瓶酒是她送给我的，里面装的全是她对我的爱。

克里斯给我讲这个悲惨故事的时候，显得很难受。我问他是不是非常爱粉红女郎。他回答 :“是，这段时间我一直想找个机会和你谈这件事，但是粉红女郎逼我发誓不说。”

我告诉他，我们可以现在就谈。他说 :“不，明天你就要跳伞了，我会和几个拍跳伞照片的摄影记者乘空中堡垒，飞在你们的编队上面。明后天晚上，我们会在莱茵河这边的第一个机场再见面。那时再谈也不迟。”

我们就这样达成了共识，还喝掉了半瓶苏格兰威士忌，最后我把另一半倒进了我的银酒壶。

从北非到莱茵河，经历了许多 D 日，每次我们都得半夜起床。往往是随着黑夜的结束，死亡就悄悄地袭来。而这次截然不同。早上 7 点我们吃到了双份的战前鲜蛋，然后才出发。

我和团长一起坐在领头的飞机上，成了这次空投中仅次于团长的二号人物。登机前情报部的一个少校曾把我拉到一旁。他提示我，如果接到跳伞信号后“头儿”有什么问题的话,你就一脚把他踢出舱门。那种信任令人觉得肩负重任却舒适无比。

我们低空穿越了法国。透过飞机敞开的舱门，我们看见被解放的法国从眼前飞速掠过。没有人呕吐，这次进攻非比寻常。

数千架飞机和滑翔机从英国和法国的不同机场起飞，我们在比利时上空集结后以再密集地编队一起飞行。我们的影子掠过已经被解放的国家时，街道上的人们向我们挥手，我们能看清他们的脸。连狗也直追着我们的影子跑。我们的两翼都牵引着滑翔机，看上去就像有人从英吉利海峡到莱茵河拉了很多的线，每隔 100 码就挂上许多玩具。

我不想再看外边的景色或多想些什么了。我捧着一本悬疑小说胡乱地翻着。10 点 15 分我才翻到第 67 页，红灯亮了，大家开始准备。一刹那我脑子里有一个愚蠢的家伙对我说：“对不起，你不能跳。你得把小说看完再跳。”

我站起来，检查照相机是否牢牢地绑在腿上，那个银酒壶是否放在贴胸口的口袋里。还有 15 分钟我们就要跳伞了。我开始回顾我的一生。12 分钟内，我之前经历的一切在我的脑海里像高速播放的影片一样不停地闪现。我突然觉得非常空虚，剩下的 3 分钟很难挨。我站在敞开的舱门口，在团长身后。我们下方 600 英尺就是莱茵河。子弹砸在我们飞机上的感觉就像鹅卵石一样。绿灯亮了，团长没被我踹就跳了下去。小伙子们高喊着：“Umbriago！”我数着 1000、2000、3000，然后看见头顶上的降落伞打开，那么可爱。从空中到地面的 40 秒相当于我爷爷表上的几个小时，我有足够的时间拿出我的照相机，拍几张像样的照片，想六七件事。落地后我也不停地拍。我们趴在地上，没有人愿意站起来。第一阵恐惧刚过，谁也不愿陷入第二阵。

有些在我后面跳伞的人落到了 10 码以外的那些大树上，他们无助地挂在距地面 50 英尺的半空中。

一挺德国人的机关枪向那些挂在树上摇晃的人不停地开火。我把脑袋埋在草丛里，不停地用匈牙利语大声地咒骂着。

趴在我旁边的一个小伙子向天上看了看，对我喊道：“收起你那犹太人的祷告吧，现在才祈祷可不管用了。”

我翻躺在地上，我们的上空只有一架飞机，是克里斯那架银色的空中堡垒。很花哨地侧着机翼转过身，突然，它爆炸起火了，冒着浓烟失去了平衡。我心想：“克里斯那家伙，他忘记了对我的诺言，就要变成英雄了。”就在飞机消失在树林后面之前，我看到了 7 个黑点，接着 7 个黑点变成了 7 朵伞花。他们跳伞了，降落伞都打开了。

上午 11 时，我拍完了两卷胶卷，抽了支烟。11:30，我第一次拿出酒壶，喝了一大口。我们已经在莱茵河的另一边站稳了脚。我们团已经从坠毁的滑翔机里取出枪炮，占领了预先指定的那条路。我们损失了不少人，但这次比萨勒诺、安齐奥或诺曼底轻松多了。那些战役中的德国人要是守在这里，我们就死定了，可现在这些德国人却被我们打垮了。下午我们与其他团会合了。我收好了照相机，照片已经够多了，我开始寻找克里斯。

傍晚，我们向莱茵河进发，我们与正在乘驳船渡河的军队之间，仍然有敌军在顽抗。我找了个又大又好看的丝绸降落伞，把自己裹进去睡了。丝绸很暖和，我梦见不断有电报来命令我：“回去滑雪，回去滑雪。”有时署名粉红女郎，有时署名《生活》杂志。

早晨我到莱茵河的时候，河上已经搭起两座浮桥。成千上万的大兵和武器装备正在过河。他们问我空投得怎么样，我夸张地侃了一通。但他们并不介意。

我找到了机场，向他们打听克里斯的消息。一个空军二级准尉告诉我说：“他的脚受伤了，是让人给送来的，半小时前他又被送回伦敦去了。”

从莱茵河到奥得河，战争发生了很大的变化，从开始的枪战很快就演变成了抢夺战。美国大兵一边战斗一边向前推进，遇到的抵抗越来越少，而照相机、鲁格尔手枪和德国姑娘越来越多。进入德国腹地后，他们发现德国人是一个非常整洁的民族。房屋和农场与之前几次战役中的完全不一样，更像他们家乡的村庄。

战争还没结束，但盟军士兵和德国姑娘的结交已经开始了。只有那些参加了解放布痕瓦尔德（Buchenwald）集中营、贝尔森（Belsen）集中营和达豪（Dachau）集中营战斗的人没有认识过德国姑娘。战争渐渐地结束了，到处乱哄哄令人扫兴，士兵们虽然还在扣动扳机，但是心里已经开始打点行李准备回家。

从莱茵河到奥得河，我没拍照片。集中营里挤满了摄影记者，每刊登出一张恐怖的照片，都在削弱整体的震撼效果。在这段时间里，人们会看到并关心集中营里那些可怜的家伙的遭遇，可是到了明天，就没几个人会关心他们将来的事了。

如今，闷闷不乐的德国人和突然变得友好的德国人，都引不起我拍照的兴趣。我想拍我遇到的第一个俄国人，拍到了他，我的战争就结束了。

俄国人也打到了柏林。在美国人到达那个名叫莱比锡的废墟大门口的同时，另一些俄国人到了奥得河。我们在莱比锡附近打了场硬仗。那座城市由希特勒冲锋队的精锐把守。不过他们也像其他德军一样，在双方伤亡都足够多的时候，大叫“投降”。

我跟着第 5 步兵师的一个营，到了通往市中心的一座桥上。一个排已经过桥，我们担心那座桥随时都会被德国人炸毁。拐角处耸立着一幢时髦的四层公寓楼，俯瞰着大桥，我爬上四楼想看看能不能拍到几张匍匐前进的士兵的照片，当作这场战争中我最后的战地摄影作品。四楼的公寓都敞着门。重武器连的 5 名美国大兵在那里架了一挺机枪，掩护部队过桥。从窗口的角度向外射击非常难，因此中士和他的部下把机枪挪到了外面没有任何防护的阳台上。我在门口看着他们架好机枪，中士回到室内，年轻的下士开始射击。

打最后一枪的士兵与打第一枪的士兵没什么区别。等照片发纽约时，谁也不会愿意只登一个普通士兵拿着一把普通的枪开火的图片。但那小伙子非常年轻，非常英俊，他的子弹仍然在消灭法西斯。我到阳台上离他两码的地方，把照相机的焦点对准了他的脸，按下了快门。这是我几周以来拍的第一张照片，也是那小伙子生前的最后一张照片。

机枪声停了，射手那绷紧的身体瘫软了，他向后仰倒在房间里。脸没有变化，两眼之间多了一个小洞。一摊血在他垂下的脑袋旁边越积越多，他牺牲了。

中士摸摸他的手腕，跨过他的尸体，抓过机枪。但他不用再射击了，我们的人已经冲到了桥的另一边。

我拍到了最后一个死去的人。最后一天，有些最优秀的人牺牲了。那些活着的人很快就会遗忘。

我们在莱比锡停下了前进的脚步。结束了，这不再是行动前的集结。部队原地待命，而所有的新闻记者接到警告，不准去柏林，不准与 15 英里外的俄国人接触。

从现在起，一切都要按官僚政治的那一套来。最后军方许诺，他们会安排一次与俄国人的会面仪式，特别是为将军们和新闻记者们安排。

我们发出最后的报道，然后在美第1军的新闻总部周围等消息。大多数战地记者都在那儿，他们中有些人从北非一路跟随战争的步伐来到这里。还有许多新人。那些新人写的东西总是满怀激情。而那些老家伙却很平静，小心调理着战争的宿醉，慢慢地喝着他们的最后几杯酒。

在莱比锡的头一夜，我们睡得很早。半夜的时候，老家伙中最不知疲倦的哈尔·博伊尔把我们叫醒。他说："厄尼死了。"在离我们很远的地方，厄尼·派尔那天在离我们很远的伊江岛被杀了。我们都起来了，默默地把自己灌醉。

许多战地记者从伦敦和巴黎赶来参加这个与俄国人的历史性会晤。有个哥伦比亚广播公司（CBS）的记者问我是不是克里斯·斯科特的朋友。我告诉他我是他的朋友，并问他克里斯的情况。他告诉我，克里斯在伦敦，腿还没有好利索，在准备和一个英国姑娘结婚。

我再也不关心与俄国人的会晤，跟这个记者借了伦敦公寓的钥匙，弄了辆德国人的福特车直接开到了巴黎。在那里，我申请了去英国的调令以及签证，并给粉红女郎发了电报说我要回去见她。

第十五章　最后一个死去的人

我在粉红女郎家门前付了出租车费，打开车门，我就看见了她。她在门外等着我。

她说："你为什么要现在出现，你又想把一切都给毁了吗？"她戴着眼镜，看上去状态挺好，她的声音有些异样。我看着她，她说："我在多切斯特酒店给你订了个房间。"我又叫了辆出租车，我们上了车。我把哥伦比亚广播公司在波特兰广场公寓的地址给了司机。

到公寓之后，她坐在一张椅子里，而我站在没生火的壁炉前。我们一句话也没有说。过了许久，她摘下眼镜，用平时的声音对我说："在我看来，你一点儿都没变。"

"我还是老样子。我没变。"

"我变了。过去的两年里，你有你自己的生活，有你自己的事业，可我只能一个人傻傻地等待。现在我爱上了别人，他也同样地爱我。"

我说，那不可能。那全怪该死的战争和护照，怪那些一直缠着我们给我们找麻烦的捣蛋鬼。"我们仍然拥有我们两年前最初相识的那一天……将来还有许多好日子在等我们。"

"为什么你以前不这样对我说？"

我哑口无言。"他对你来说年轻了点。"最后我说。

"现在我有了一个美丽的梦。你为什么要回来毁了它？"

我又一次哑口无言。

她加了一句："还有，克里斯没有欺骗过我。"

我们在壁炉里生起了火，然后我找到哥伦比亚广播公司藏的酒。我拿了两瓶坐到她身边。渐渐地，我们的谈话变得轻松起来。我们坐在壁炉边，只是聊天、喝酒。

我争辩，我解释，我乞求，我诅咒，最后我几乎动粗。但是她哭泣着，反驳着我，就是不改变选择。

窗外的光变换了几次。第二天一早，我们依然坐在壁炉旁的地板上，旁边堆着空酒瓶和一堆熄灭的炉火。粉红女郎很憔悴，但很美，我以为我正在挽回一切。我说我要刮一下胡子，然后一起去吃早餐。

在我刮胡子的时候，我听见她在打电话。我从盥洗室出来的时候，粉红女郎已经穿好了外套，化好了妆，戴上了眼镜。她说：“我想吻你。”然后就走了。门口放着两瓶牛奶和两份报纸，报纸的头版头条用极其粗大的字体写着：

欧战结束了

再也不用早起了。

卡帕摄影作品

（1934—1954 年）

1934 年

（本页图、右页二图）1934 年 9 月，德国萨尔州（Saarland）

1934 年 9 月，德国萨尔州

1935 年

1935 年 4 月，西班牙塞维利亚（Seville），圣周（复活节前的一周）游行的观众

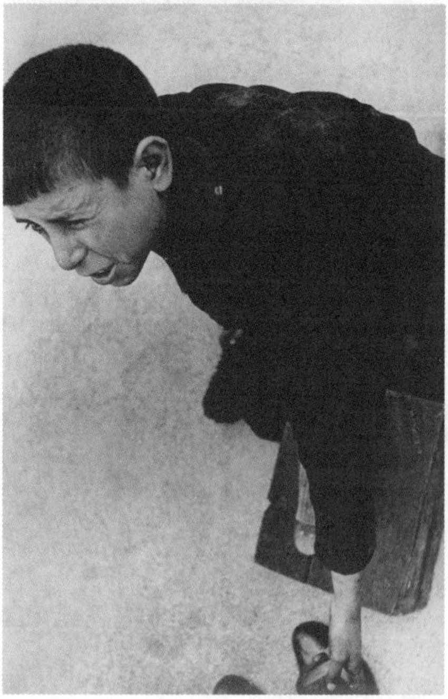

（上图）1935 年 4 月，西班牙塞维利亚，圣周游行的小参与者
（下图）1935 年 4 月，西班牙圣塞瓦斯蒂安（San Sebastian），擦鞋童

1936 年

（上图）1936 年 8 月—9 月，西班牙马德里，驯服的熊在街头表演

（下图）1936 年 11 月 11 日，法国巴黎，观看休战纪念日游行

约 1936 年，法国巴黎卢森堡公园

约 1936 年，法国巴黎

(上图）约 1936 年，法国巴黎，马展
（下图）1936 年春天，法国巴黎，摄像机前的夫妇

（上图）1936 年春，法国

（下图）1936 年 5 月 3 日，法国圣丹尼（Saint-Denis）

（上图）1936 年 6 月，瑞士日内瓦，莱昂·布鲁姆（Léon Blum）在国际联盟上演讲，反对意大利对阿比西尼亚（Abyssinia）的入侵

（下图）1936 年 7 月 14 日，法国巴黎，莱昂·布鲁姆

（上图）1936 年 5 月—6 月，法国巴黎，静坐罢工的工人
（中图）1936 年 5 月—6 月，法国布洛涅－比扬古（Boulogne-Billancourt），雷诺工厂静坐罢工的工人
（下图）1936 年 5 月—6 月，法国圣图安市场（Saint-Ouen），静坐罢工的工人和同情他们送来香肠的屠夫

(上图）1936 年 5 月—6 月，法国圣图安市场
(下图）1936 年 5 月 28 日，法国布洛涅－比扬古，静坐罢工的工人在雷诺工厂的第一夜

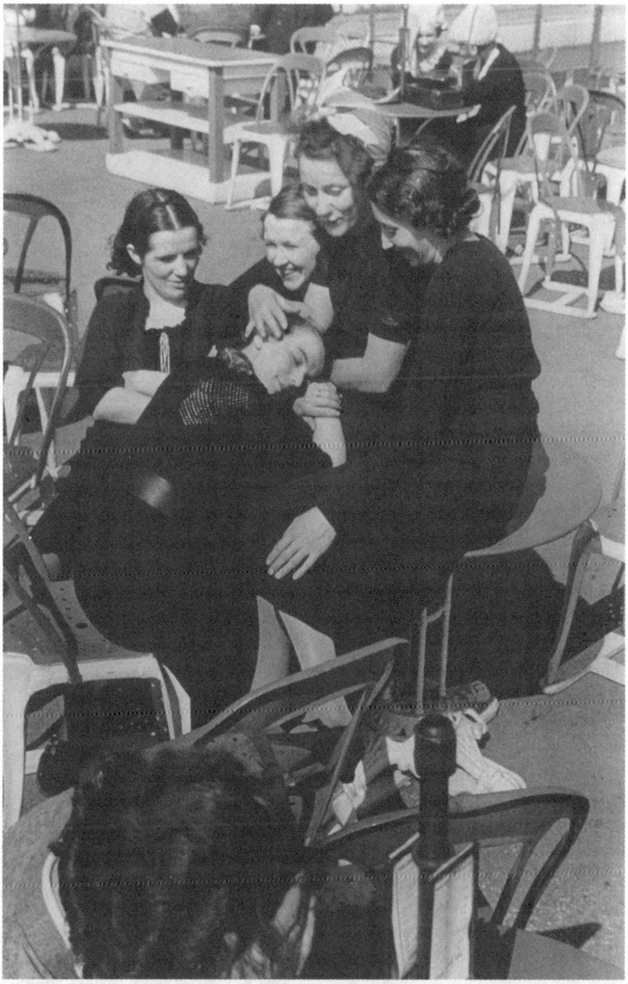

（上图）1936 年 6 月，法国巴黎，静坐罢工期间，老佛爷百货（Galeries lafayette）的员工在屋顶露台上
（下图）1936 年 5 月—6 月，法国圣图安市场，静坐罢工的工人

（上图）1936 年 7 月 14 日，法国巴黎，矿工向人民阵线（Popular Front）致握拳礼
（下图）1936 年 5 月 22 日，法国巴黎，爱德华 · 赫里欧（Edouard Herriot）准备竞选国民议会主席

（上图）1936 年 10 月，法国比亚里茨（Biarritz），激进党大会上的代表

（下图）1936 年，法国巴黎，莫里斯·多列士（Maurice Thorez），法国共产党的领导，左边是一个在示威游行中受伤的人

（上图）1936 年 7 月 14 日，法国巴黎，人民阵线政府官员在检阅巴士底日游行

（下图）1936 年，法国巴黎，人民阵线政府的支持者

（上图）1936 年 7 月 12 日，法国凡尔登，法国盲人老兵在和平集会

（下图）1936 年 7 月 12 日，法国凡尔登，德国代表在和平集会

1936 年 7 月 14 日，法国巴黎，巴士底日游行

（上图）1936 年春，法国巴黎，场外交易员在巴黎证券交易所的门廊下

（下图）1936 年 7 月 14 日，法国巴黎，巴士底日之夜街上跳舞的人

（上图）1936 年 8 月，西班牙巴塞罗那附近，支持共和制的民兵
（下图）1936 年 8 月，西班牙巴塞罗那附近

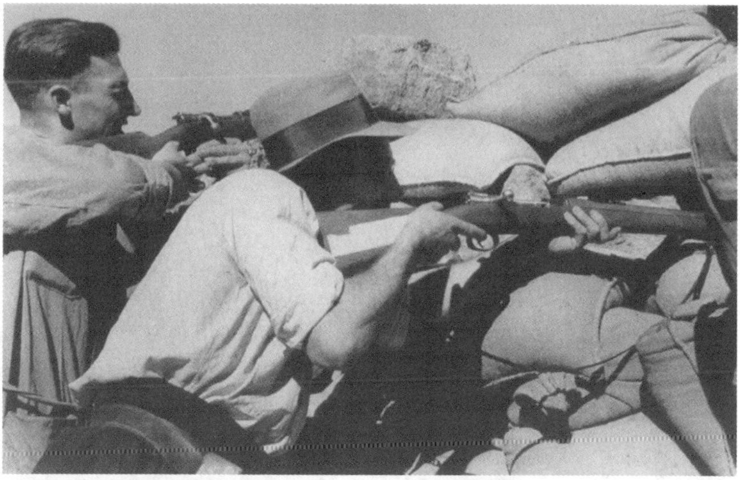

（上图）1936 年 8 月，西班牙巴塞罗那或其附近，支持共和制的民兵
（下图）1936 年 8 月，西班牙巴塞罗那，支持共和制的女民兵

（上图）1936 年 8 月—9 月，西班牙马德里

（下图）1936 年 8 月—9 月，西班牙马德里，法西斯主义者受到支持共和制军官的质疑

（上下图）1936 年 8 月，西班牙韦斯卡（Huesca）附近，西班牙内战，支持共和制的民兵

1936 年 8 月—9 月，西班牙，支持共和制的士兵

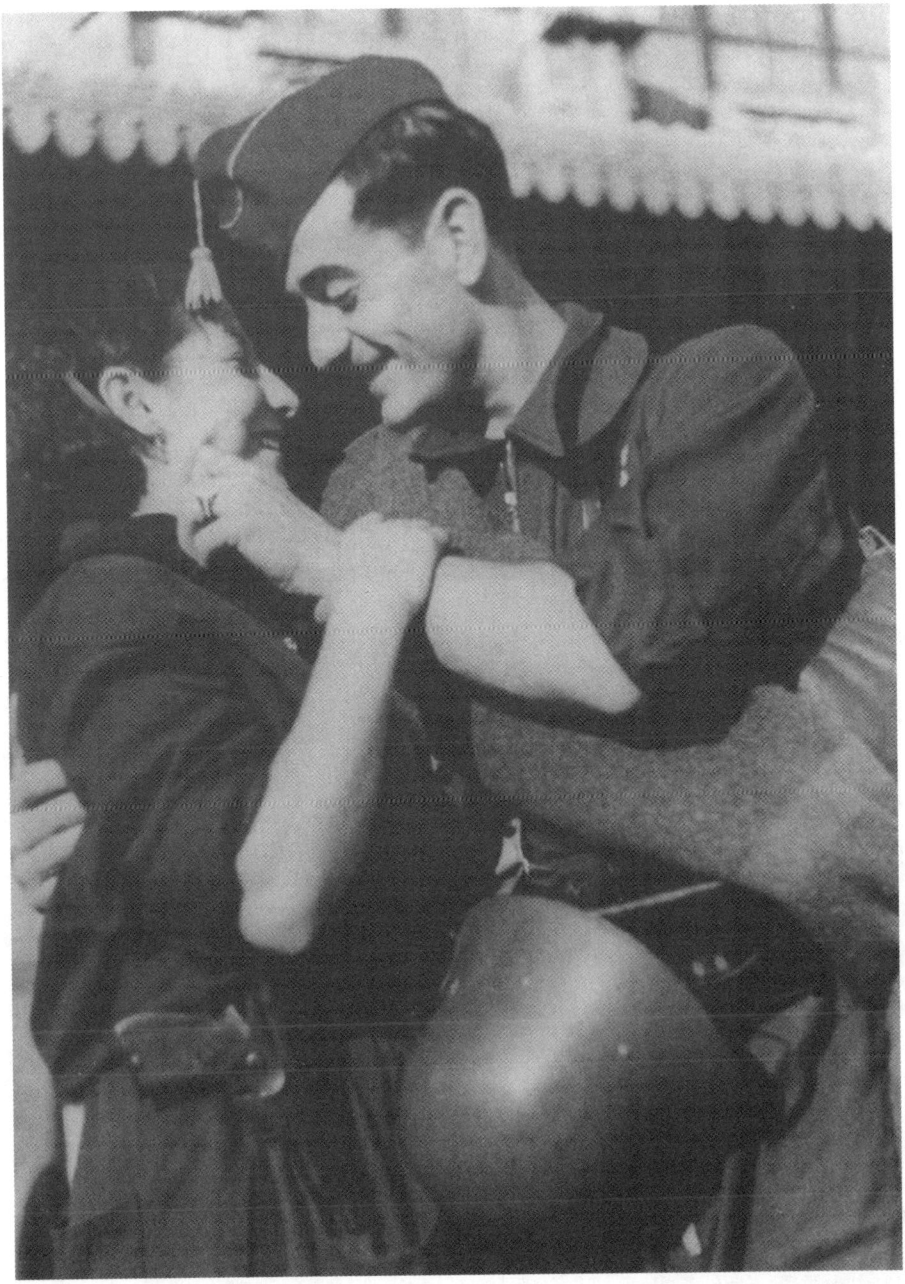

1936 年 8 月，西班牙巴塞罗那

（上图）1936 年 8 月—9 月，西班牙，可能是阿斯瓦加（Azuaga），埃斯特雷马杜拉（Extremadura）
（下图）1936 年 8 月，西班牙，西班牙内战，支持共和制的民兵在当地陆军总司令部外面

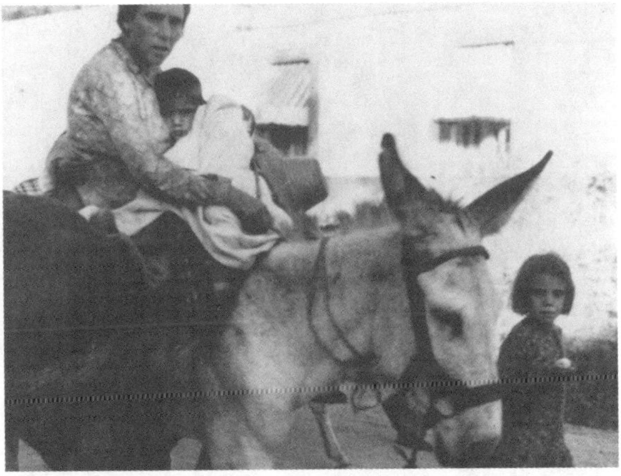

（本页三图）1936 年 9 月 5 日，西班牙塞罗·穆里亚诺（Cerro Muriano）附近，科尔多瓦（Cordoba）前线，从法西斯对塞罗·穆里亚诺的村子空袭中逃出来的居民

（上下图）1936 年 9 月 5 日，西班牙塞罗 · 穆里亚诺，科尔多瓦前线

1936 年 9 月 5 日，西班牙塞罗 · 穆里亚诺，科尔多瓦前线， 倒下的士兵

（本页三图、右页二图）1936 年 11 月—12 月，西班牙马德里

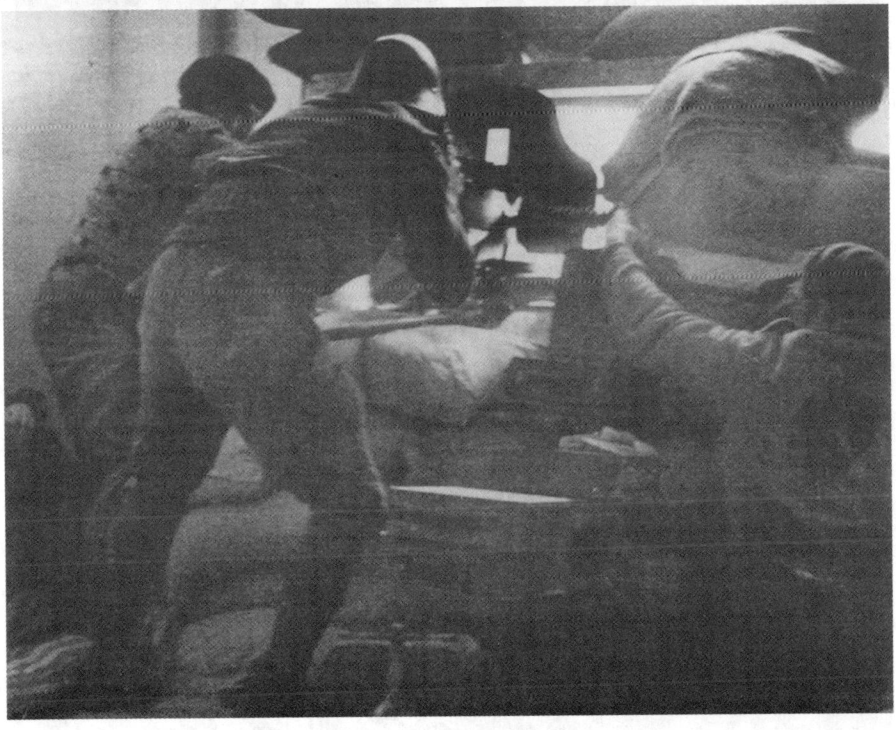

（上下图、右页二图）1936 年 11 月—12 月，西班牙马德里

GRAN ACADEMIA
VENCERÉMOS
PRESENCIE
HORTALEZA, 23 - PISO 1º
SANARRADIO
ALQUILER DE AUTOMOVILES DE LUJO
BODAS. 2
VIAJES
LIBERATORIOS DE PROSTITUCION
MUJERES LIBRES
BRIXOL

（上下图）1936 年冬或 1937 年，西班牙马德里瓦雷卡斯（Vallecas）

（上图）1936 年冬或 1937 年，西班牙马德里，民众观看城市上空的空战

（下图）1936 年冬或 1937 年，西班牙马德里

1937 年

（上下图）1937 年 5 月 1 日，法国巴黎，庆祝五一国际劳动节

1937 年 3 月，法国巴黎克里希（Clichy），劳动争议事件中几个被杀工人的葬礼

1937 年 4 月，比利时布鲁塞尔

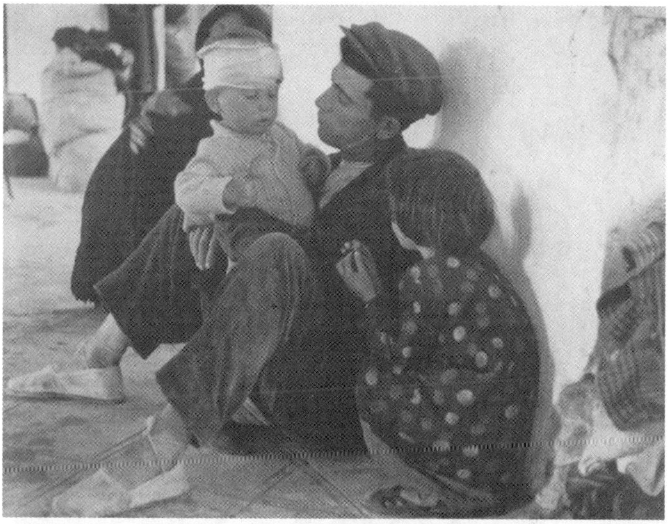

（上下图）1937年2月，西班牙阿尔梅里亚（Almeria），来自马拉加（Malaga）的难民

（上图）1937 年 4 月，比利时布鲁塞尔，莱昂 · 德格勒尔（Leon Degrelle）
（中图）1937 年 7 月 14 日，法国巴黎，雅克 · 杜克洛（Jacques Duclos），法国共产党领导者在巴士底日给群众演讲
（下图）1937 年 4 月，法国巴黎，利昂 · 茹奥（Léon Jouhaux），法国总工会领导者

（本页三图）1937 年 5 月 7 日，西班牙索卢山（Sollube），毕尔巴鄂（Bilbao）前线

（上图）1937 年 5 月，西班牙毕尔巴鄂，扑救被法西斯空袭的汽油仓库
（下图）1937 年 5 月，西班牙毕尔巴鄂

（本页三图）1937 年 9 月—10 月，美国纽约，酒厂工人的健身房

（上下图）1937 年 12 月—1938 年 1 月，西班牙特鲁埃尔（Teruel），西班牙内战

（上图）1937 年 12 月 21 日，西班牙特鲁埃尔，西班牙内战

（下图）1937 年 12 月 21 日—24 日，西班牙特鲁埃尔，西班牙内战

（上下图）1937 年 11 月，比利时波里纳日地区（Borinage），煤矿工人

1938 年

（上下图）1938 年 3 月 12 日，中国汉口

（上下图）1938 年 3 月，中国汉口

1938 年，中国汉口，民众观看游行

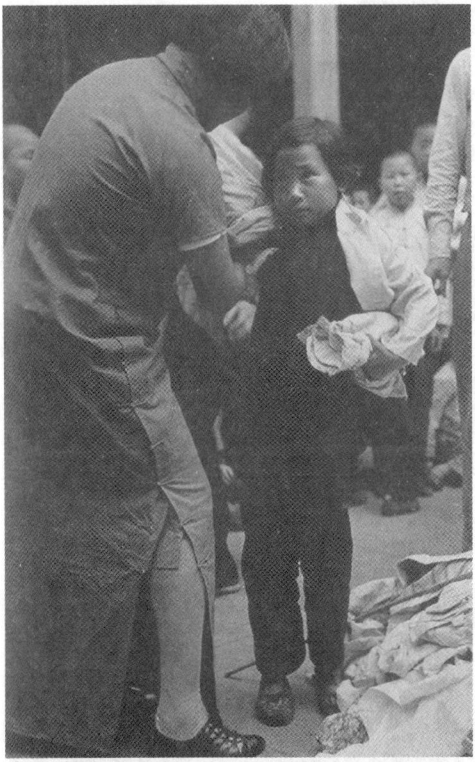

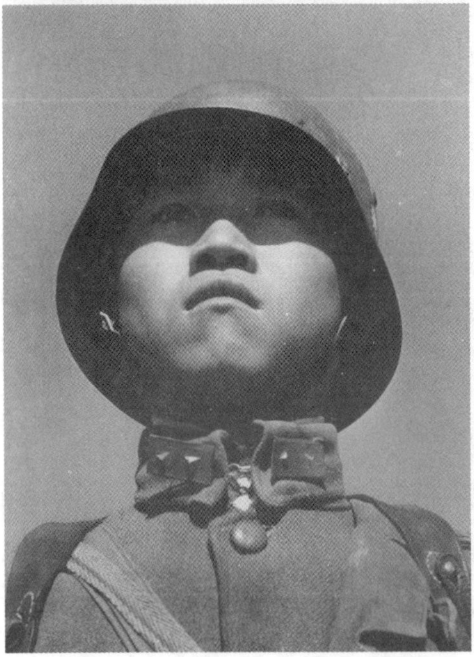

（上图）1938 年，中国汉口，给孩子分发旧衣服
（下图）1938 年，中国汉口，一个十几岁的中国士兵。这张照片曾用作《生活》杂志封面图

（上下图）1938 年，中国，中国士兵进行游击战训练

（上图）1938 年 7 月 4 日，中国汉口
（下图）1938 年 8 月—9 月，中国汉口，中国共产党的一次会议

(上图)1938 年 4 月，中国徐州会战战场附近

(下图) 1938 年 7 月 5 日，中国汉口

(上图）1938 年 4 月，中国台儿庄，徐州会战，孩子们观看中国军队训练
(下图）1938 年 4 月，中国台儿庄，徐州会战，中国军官在野外指挥部

（上图）1938 年 4 月，中国台儿庄，徐州会战

（下图）1938 年 4 月 7 日，中国台儿庄，徐州会战

（上图）1938 年 4 月，中国台儿庄，徐州会战。战役后，中国军队在操练
（下图）1938 年 7 月—8 月，中国广州附近，孤儿院的孩子

（上下图）1938 年 7 月—8 月，中国广州附近

1938年5月—6月，中国西安或附近

1938 年 5 月—6 月，中国西安

（上图）1938 年 6 月—7 月，中国郑州附近

（下图）1938 年 7 月—9 月，中国汉口

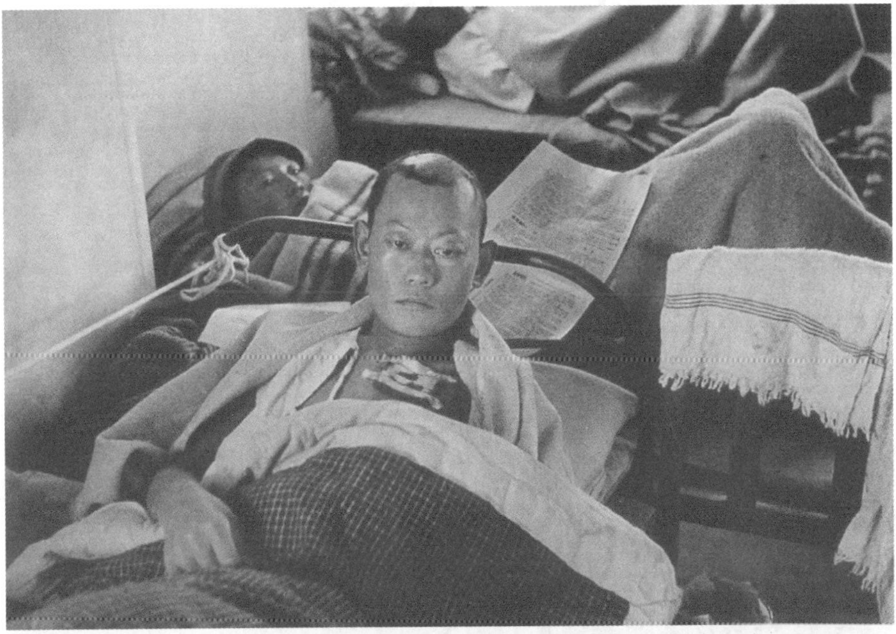

（上图）1938 年，中国汉口，一家为中国士兵服务的医院

（下图）1938 年 7 月—8 月，中国广州

（上图）1938 年，中国，
中国飞行员
（下图）1938 年 10 月，
西班牙巴塞罗那附近

（上图）1938 年 10 月，西班牙巴塞罗那附近，米特・沃尔夫（Milt Wolff）
（下图）1938 年 10 月，西班牙巴塞罗那附近

（上下图）1938 年 11 月 7 日，西班牙弗拉加（Fraga）附近，西班牙内战前线，支持共和制的人沿着塞格雷河（Rio Segre）进攻

（上图）1938年11月7日，西班牙弗拉加附近，内战前线

（下图）1938年11月7日，西班牙弗拉加附近，内战前线，支持共和制的人沿着塞格雷河进攻时的野战司令部

1939 年

（上图）1939 年 6 月，法国巴黎，场外交易员在巴黎证券交易所的门廊下
（下图）1936 年或 1939 年，法国巴黎，穷人睡在巴黎证券交易所的外面

（上图）20 世纪 30 年代末，法国巴黎

（下图）1939 年 1 月，西班牙巴塞罗那

（上图）1939 年 1 月，西班牙巴塞罗那，男孩们在市区公园内一架受损的轰炸机上玩耍
（下图）1939 年 1 月 25 日，塔拉戈纳（Tarragona）到巴塞罗那的路上

(上图)1939 年 1 月 25 日,塔拉戈纳到巴塞罗那的路上,一个老妇人吃惊地绕着她的车行走,一次袭击杀死了他们,包括她的狗和两头骡子

(下图) 1939 年 1 月, 西班牙巴塞罗那

（上下图）1939 年 1 月 25 日—27 日，巴塞罗那前往法国边境的路上

（上下图）1939 年 3 月，法国滨海阿热莱斯（Argelès–sur–Mer）

（上图）1939 年 3 月，法国马赛
（下图）1939 年 9 月，法国巴黎

（上图）1939 年 4 月—5 月，比利时安特卫普，失业的男人在避难所附近的就业大厅等待工作

（下图）1939 年 5 月 18 日，比利时布鲁日（Bruges），耶稣升天节，参加“圣洁之血”（Holy Blood）仪式的队伍

（上下图）1939 年，比利时卢森堡省阿尔隆（Arlon）

（上图）1939 年，比利时卢森堡省阿尔隆，观看纪念卢森堡省加入比利时的庆祝活动

（下图）1939 年 4 月—5 月，比利时安特卫普，海港边界的伯恩斯坦咖啡馆

（上图）1939 年 6 月—7 月，法国巴黎，孩子们在讨论环法自行车赛

（下图）1939 年 7 月，法国布列塔尼普莱邦（Pleyben），在皮埃尔 · 克洛阿雷克（Pierre Cloarec）的自行车商店前观看环法自行车赛。皮埃尔 · 克洛阿雷克也是一位赛手

（上图）1939 年 11 月，美国新墨西哥州（New Mexico）
（下图）1939 年，法国普罗旺斯地区萨隆（Salon de Provence），法国军事航空学校的学生

1939 年 11 月 19 日，美国纽约，歌剧演唱家桃乐茜 · 梅诺（Dorothy Maynor）和保罗 · 罗伯逊（Paul Robeson）在宴会上

1940 年

1940 年 12 月，美国密歇根州奥瓦索（Owosso）

(上图) 1940 年 12 月，美国纽约市，金丝 · 傅肯伯 (Jinx Falkenburg)
(下图) 1940 年 3 月 9 日，美国孟菲斯市 [Memphis，田纳西州 (Tennessee)] 和温泉市 [Hot Springs，阿肯色州 (Arkansas)] 之间的火车上

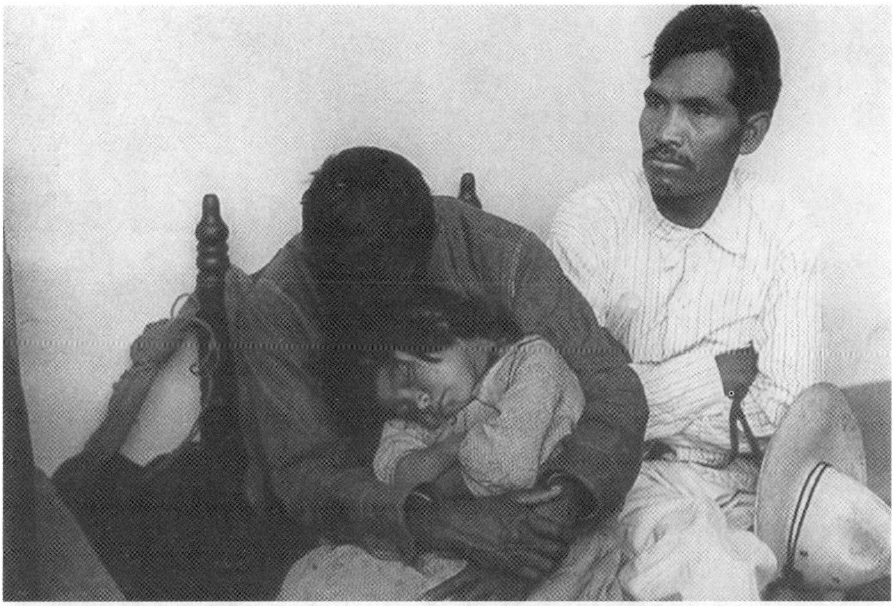

（上图）1940 年，墨西哥

（下图）1940 年 6 月—7 月，墨西哥城

（上图）1940 年 6 月—7 月，墨西哥城，总统候选人阿维拉·卡马乔（Avila Camacho，中间）和政客们

（下图）1940 年 7 月 7 日，墨西哥城，骑马的警察试图阻止两大派系的争斗

1940 年 8 月，墨西哥特西尤兰（Teziutlán），当选的总统阿维拉·卡马乔和政客们在自己的庄园里

（上图）1940年7月9日，墨西哥城，支持者在被反对派射杀的阿尔马桑（Almazan）的葬礼上抬柩
（下图）1940年7月7日，墨西哥城，阿尔马桑被射杀的现场

（上下图）1940 年 12 月，美国伊利诺伊州（Illinois）卡柳梅特城（Calumet City）

（上图）1940 年 11 月，美国爱达荷州太阳谷（Sun Valley），厄内斯特·海明威
（下图）1940 年 11 月，美国爱达荷州太阳谷，海明威和玛莎·盖尔霍因（Martha Gellhorn）

（上下图）1940 年或 1941 年，美国爱达荷州太阳谷，海明威

（上下图）1940 年或 1941 年，美国爱达荷州太阳谷，海明威和他的儿子格雷戈里

1941 年

1941 年 10 月，美国爱达荷州太阳谷，盖理 · 库珀（Gary Cooper）正在出演根据海明威小说改编的电影《丧钟为谁而鸣》（*For Whom the Bell Tolls*）

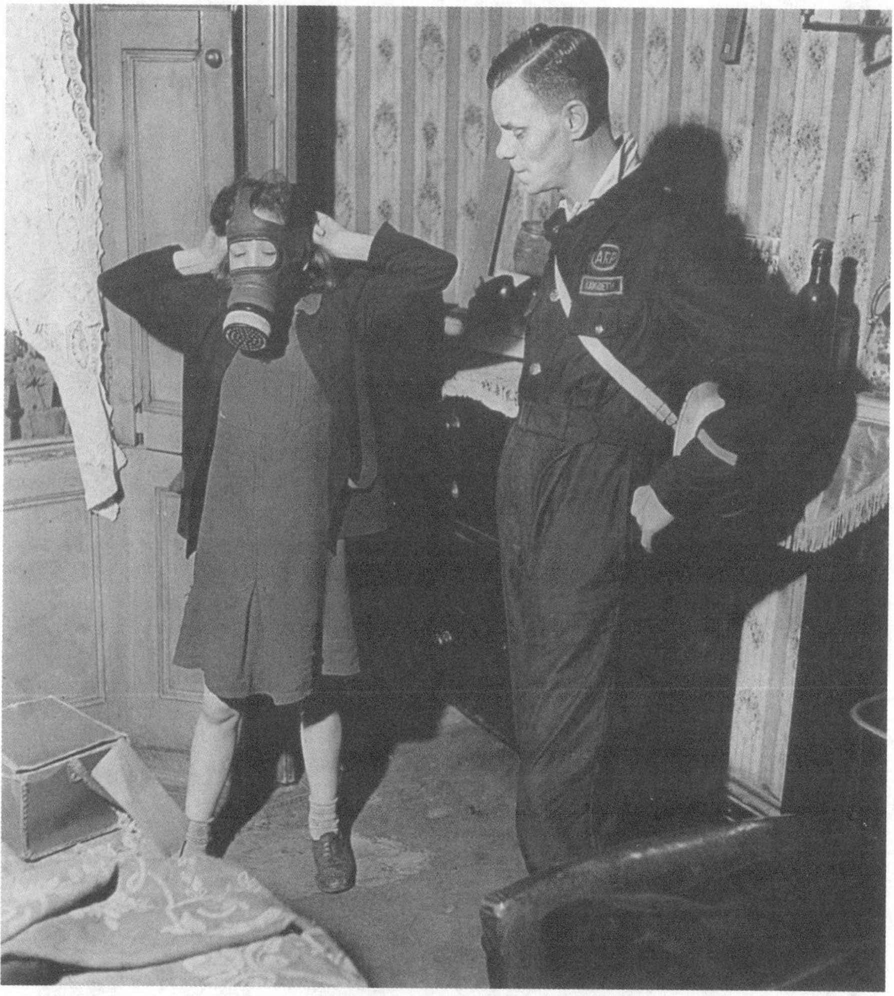

1941 年 6 月—7 月，英国伦敦，一个反空袭督察员指导一个女孩使用防毒面具

（上下图）1941 年
6 月—7 月，英国
伦敦

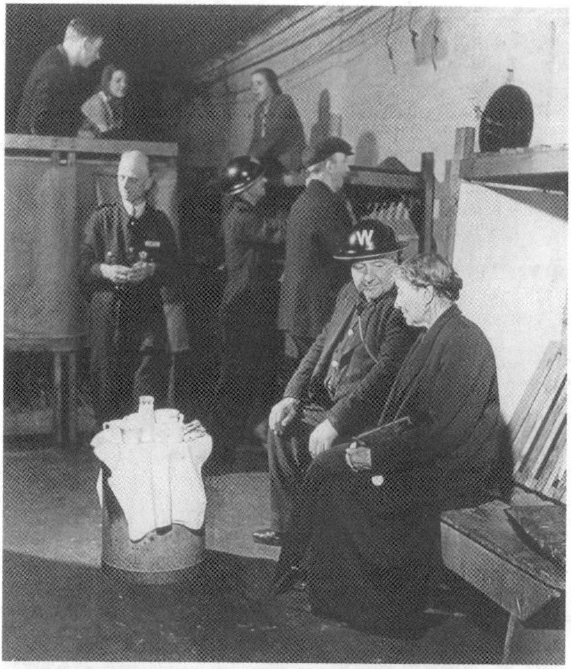

(上图）1941 年 6 月—7 月，英国伦敦，空袭避难所内，一个督察员与一个老年妇女准备一起饮茶
（下图）1941 年 6 月—7 月，英国伦敦，空袭避难所外

（左上图）1941 年 6 月—7 月，英国伦敦，吉布斯（Gibbs）太太
（右上图）1941 年 6 月—7 月，英国伦敦，吉布斯先生
（下图）1941 年 6 月—7 月，英国伦敦，吉布斯的家

1941 年 6 月—7 月，英国伦敦，阅读军中服役的儿子的来信

1942 年

1942 年 3 月，美国纽约市，格特鲁德·劳伦斯（Gertrude Lawrence）

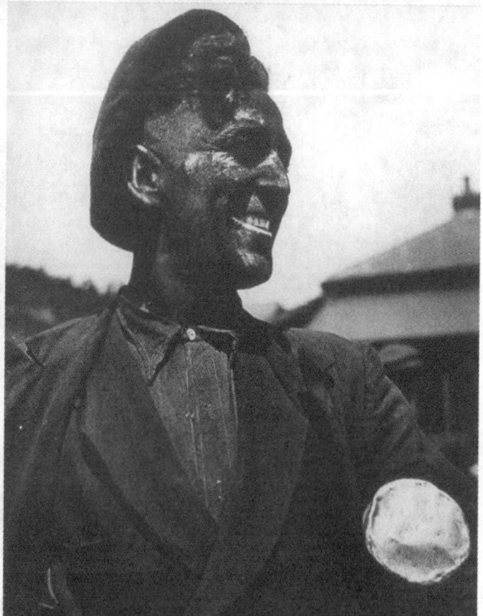

（本页三图）1942 年 6 月，威尔士（Wales）罗达谷（Rhondda Valley）

1942 年 11 月，英格兰切尔瓦斯顿（Chelveston），美国 301 轰炸机大队的飞行员

1943 年

（上下图）1943 年 1 月—2 月，英国伦敦，一个美国军官和英国战争孤儿

（本页六图）1943 年 3 月，突尼斯（Tunisia）埃尔瓜塔尔（El Guettar）

（上图）1943 年 3 月，突尼斯，意大利士兵被美国士兵送往战俘营
（下图）1943 年 3 月，突尼斯，民众在轴心国失败后返回故乡

(上图)1943年3月，突尼斯，被美军俘获的德国士兵
(下图)1943年3月，突尼斯，美国士兵（左）审问意大利战俘

（上图）时间不详，突尼斯凯鲁万城（Kairouan），飞往西西里岛的飞机上

（下图）1943年4月，突尼斯，美国王牌飞行员

（上下图）1943 年 5 月，阿尔及利亚君士坦丁（Constantine）

时间不详，意大利西西里岛巴勒莫（Palermo）

（本页四图）1943 年 7 月，意大利西西里岛巴勒莫蒙雷阿莱（Monreale），美国军队进入城市

（上图）1943 年 7 月，意大利西西里岛，受伤的美国士兵
（中图）1943 年 7 月，意大利西西里岛，一个美国医生为一个德国战俘处理伤口
（下图）时间不详，意大利西西里岛巴勒莫

(本页三图)1943年7月17日—18日，意大利西西里岛阿格里真托（Agrigento）

（上图）1943 年 7 月，意大利西西里岛尼科西亚（Nicosia）
（下图）1943 年 7 月 23 日，意大利西西里岛巴勒莫

（上下图）1943 年 7 月，意大利西西里岛

（上图）1943 年 7 月 28 日，意大利西西里岛尼科西亚附近，一个被俘获的意大利士兵掉队了
（下图）1943 年 7 月 26 日，意大利西西里岛切法卢（Cefalu），解放两天后的街景

（上二图）1943 年 7 月，意大利西西里岛尼科西亚附近，被美国军队俘获的德国士兵

（下图）1943 年 8 月，可能是西西里岛

（本页四图）1943 年 8 月，意大利西西里岛特洛伊那（Troina）附近
（左页上图）1943 年 8 月 4 日—5 日，意大利西西里岛特洛伊那附近
（左页下五图）1943 年 8 月 4 日—5 日，意大利西西里岛特洛伊那附近，执行侦察任务

（上图）1943 年 8 月，意大利西西里岛特洛伊那，进入城镇的第一个美国侦察队

（下图）时间不详，意大利西西里岛特洛伊那附近

（右页二图）1943 年 9 月 19 日，意大利索伦托半岛（Sorrento Peninsula）马奥莱（Maiori）

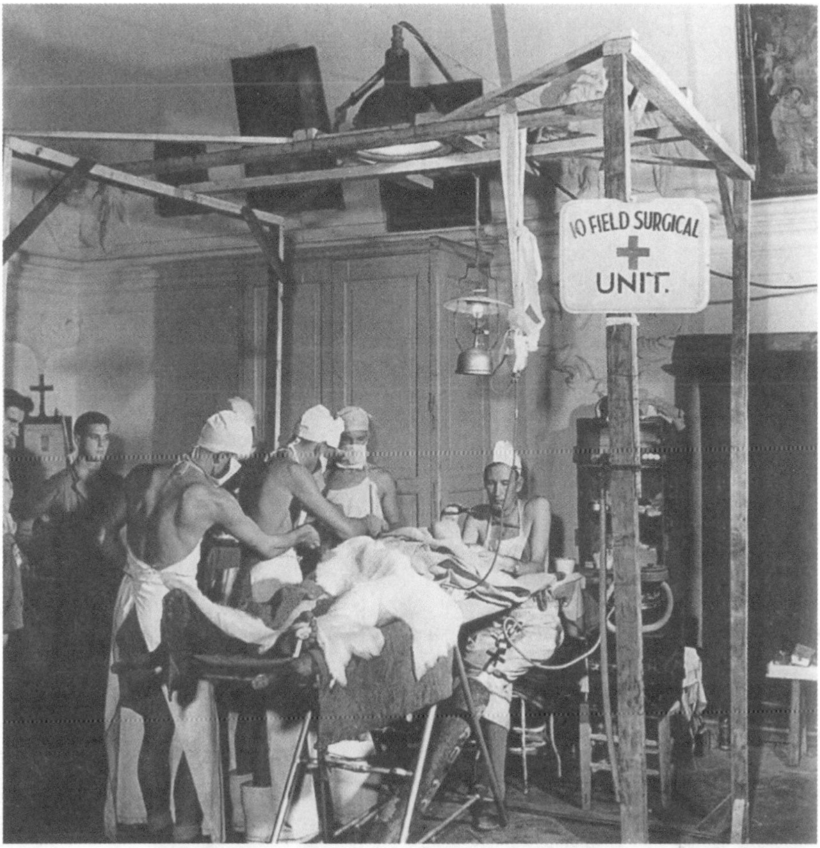
10 FIELD SURGICAL
UNIT.

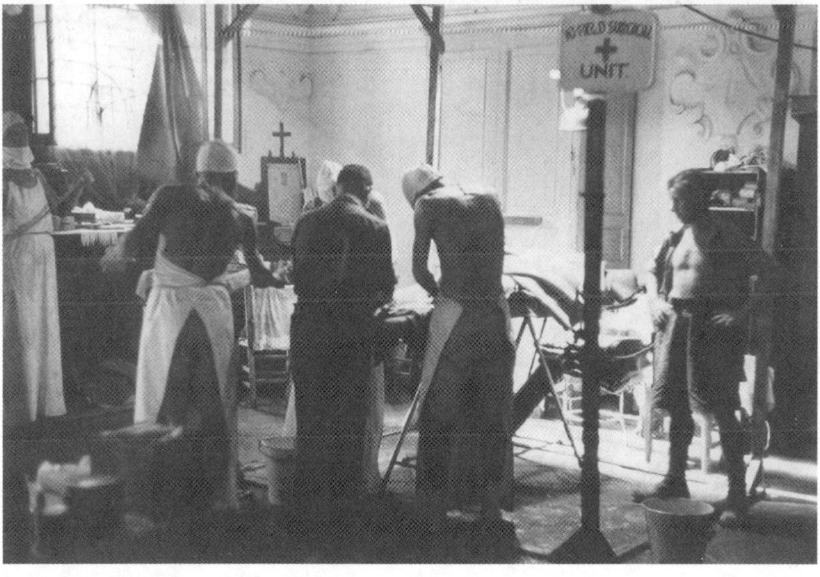
10 FIELD SURGICAL
UNIT.

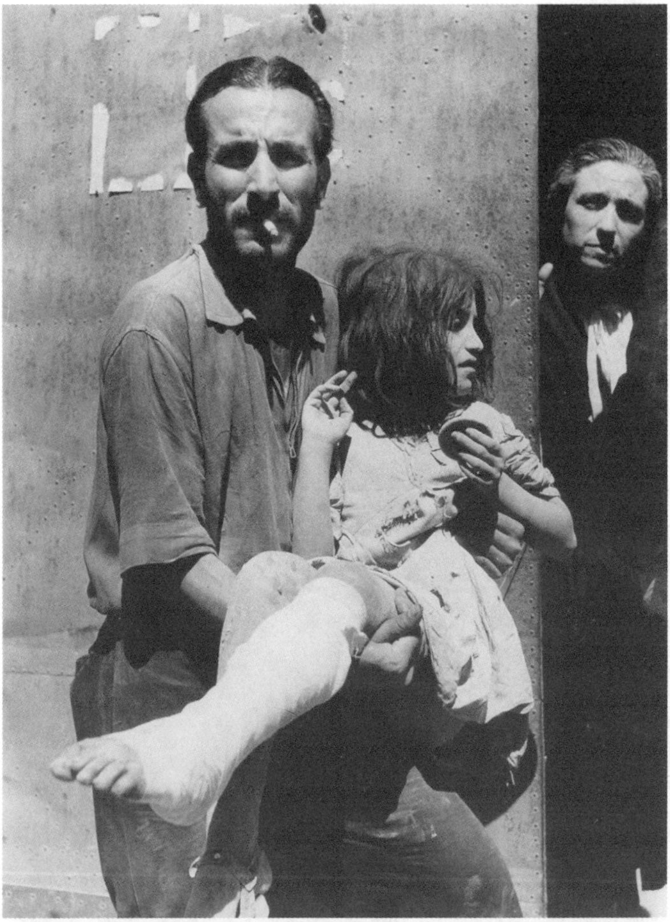

（上图）1943 年 8 月 6 日，意大利西西里岛特洛伊那
（下图）1943 年 9 月底，前往那不勒斯的路上，美军在谷仓里发现一个德国士兵

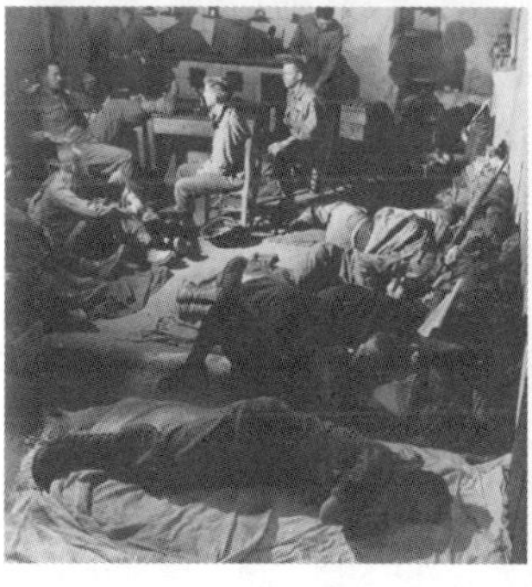

（本页五图）1943 年 9 月，意大利索伦托半岛马奥莱上方基翁齐山口（Chiunzi Pass）

（本页四图）1943 年 9 月底，
前往那不勒斯的路上

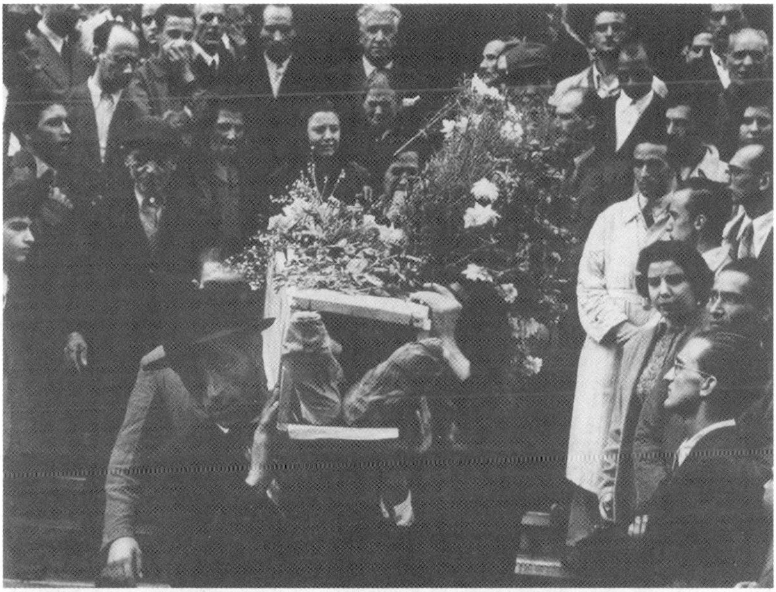

（上图）1943 年 10 月 2 日，意大利那不勒斯
（下图）1943 年 10 月 7 日，意大利那不勒斯，中央邮局

1943 年 10 月，意大利那不勒斯

（上图）1943 年 10 月 12 日，意大利卡普里岛（Capri），贝奈戴托·克罗齐（Benedetto Croce）
（下图）时间不详，意大利潘塔诺山附近

(上下图)1943年11月11日，阿尔及利亚阿尔及尔，戴高乐将军（General Charles de Gaulle）

（上图）1943年11月11日，阿尔及利亚阿尔及尔，戴高乐将军（左）和吉罗将军（General Henri Honoré Giraud）

（下图）1943年11月11日，阿尔及利亚阿尔及尔

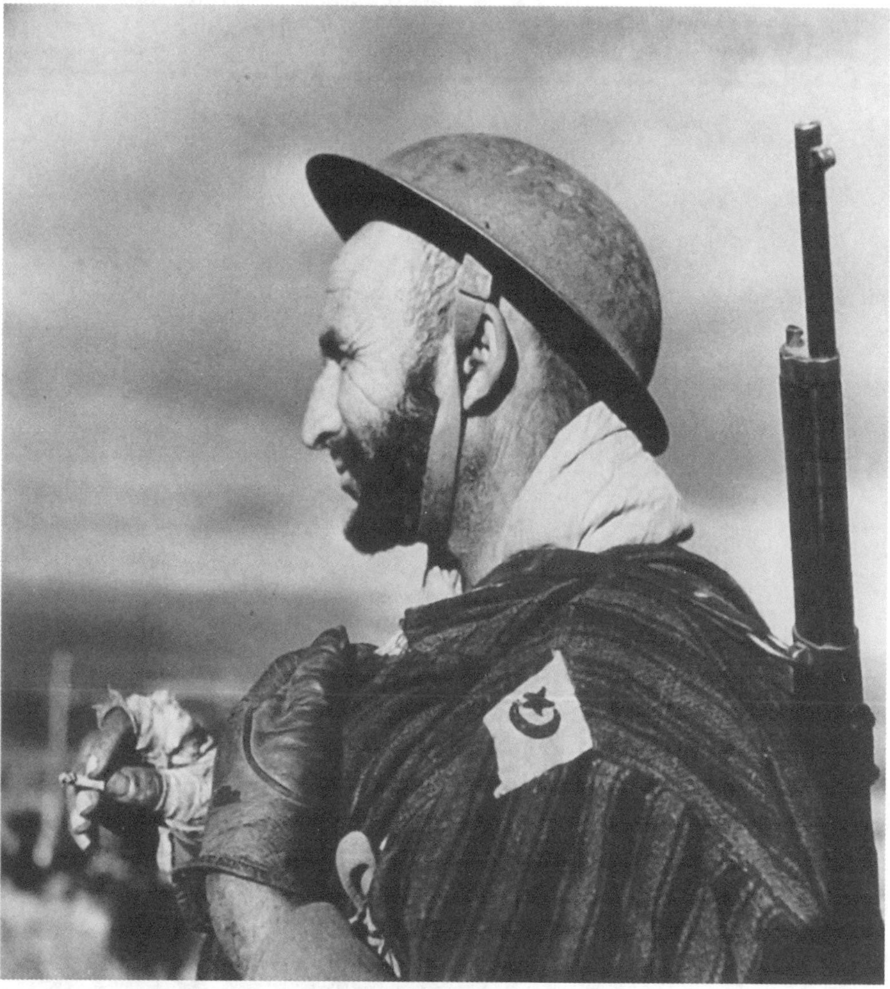

1943 年 12 月，意大利潘塔诺山附近，摩洛哥第 2 步兵师的一个士兵

1943年12月，意大利卡西诺山（Cassino）附近韦纳夫罗（Venafro），美军45步兵师后方指挥部

（本页图、右页图）1943 年 12 月，意大利潘塔诺山附近

1944年

（上下图）时间不详，摩斯科索峡谷（Moscoso Notch）

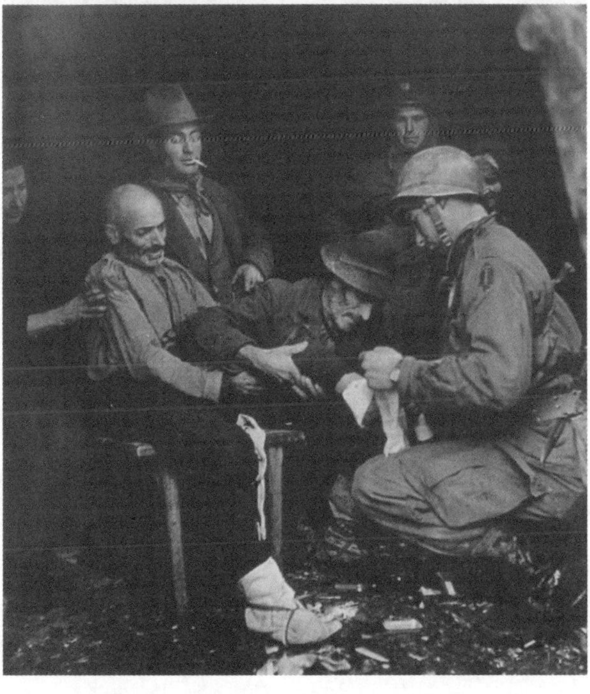

（上图）1944 年 1 月 4 日，意大利拉迪歌萨（Radicosa）
（下图）1944 年 1 月 4 日，意大利拉迪歌萨，美国士兵给牧师包扎

(上图）1944 年 1 月 4 日，意大利拉迪歌萨外围

(下图)1944年1月4日，意大利拉迪歌萨

（上图）1943 年 12 月—1944 年 1 月，意大利卡西诺山附近

（下图）1943 年 12 月—1944 年 1 月，意大利卡西诺山附近，救护车驾驶员

（上下图）1944 年 1 月，意大利卡西诺山附近，美国士兵将孩子们送到安全的避难所

（左页二图）1944 年 1 月，意大利卡西诺山附近

（上图）1944 年 1 月 25 日，意大利安齐奥（Anzio）
（下图）1944 年 1 月 25 日，意大利安齐奥，一个德国士兵

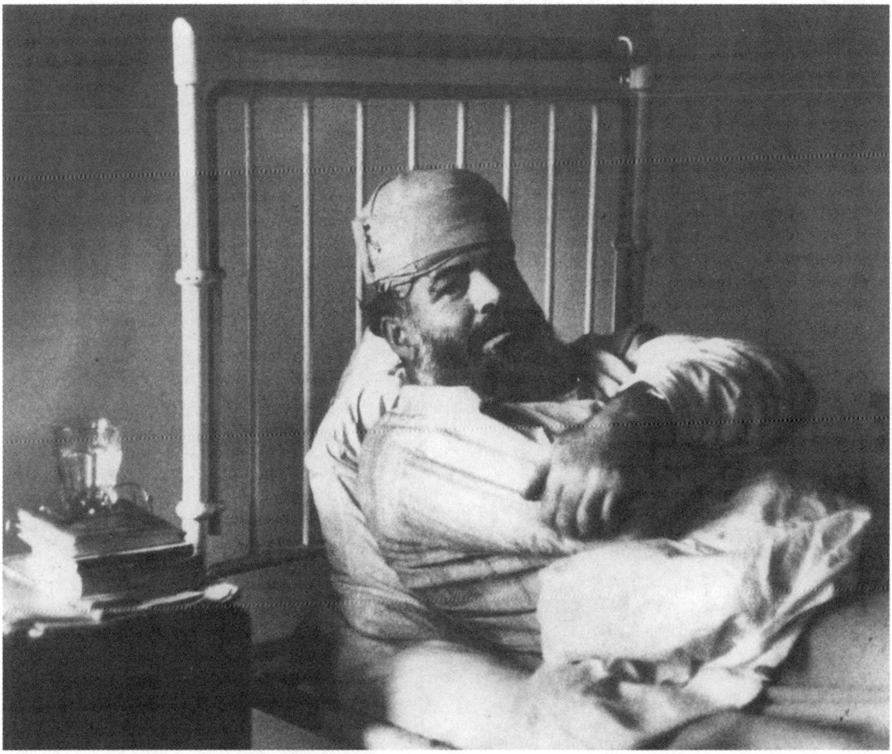

1944 年 5 月，英国伦敦，海明威

（上图）1944 年 6 月 1 日—5 日，英格兰，停泊威茅斯（Weymouth）港的运输船上
（下图）1944 年 6 月 6 日，法国诺曼底海岸奥马哈海滩（Omaha Beach），美军在 D 日的第一波攻势

1944 年 6 月 6 日，法国诺曼底海岸奥马哈海滩

（上下图、左页三图）1944 年 6 月 6 日，法国诺曼底海岸奥马哈海滩，美军在 D 日的第一波攻势

（上下图）1944 年 6 月 6 日，法国诺曼底海岸奥马哈海滩，美军在 D 日的第一波攻势

1944 年 6 月 6 日，法国诺曼底海岸，离开奥马哈海滩，D 日的医疗运输船

（上图）1944 年 6 月，法国诺曼底海岸奥马哈海滩，路过的法国渔民，看着 D 日登陆死去的士兵

（下图）1944 年 6 月，法国诺曼底海岸奥马哈海滩，被俘的德国士兵在埋葬 D 日登陆死去的士兵

（上图）1944 年 6 月，法国诺曼底海岸奥马哈海滩，用一辆吉普作为祭坛，一个罗马天主教牧师做弥撒

（下图）1944 年 6 月，法国诺曼底海岸奥马哈海滩，D 日后的滩头堡

（上图）1944 年 6 月，法国诺曼底海岸奥马哈海滩，一个阻塞气球
（下图）1944 年 6 月，法国诺曼底滩头堡，奥马尔·布莱德利将军（Omar N. Bradley）

（本页三图）1944 年 6 月，法国诺曼底海岸奥马哈海滩，被美军俘获的德国士兵

（上图）1944 年 6 月，法国诺曼底，李奇微将军（右二）
（下图）1944 年 6 月，法国诺曼底，一个德国将军向美国军官投降

（上图）1944 年 6 月 26 日，法国瑟堡（Cherbourg），卡尔·威廉·冯·施利本将军（左一）

（下图）1944 年 6 月 26 日，法国瑟堡，李奇微将军（左一）

（本页三图）1944 年 6 月—7 月，法国诺曼底

（上图）1944 年 7 月 26 日—30 日，法国圣洛（St.–Lô）西南部，美军第 2 装甲师
（下图）1944 年 6 月 16 日，法国圣索沃尔－勒维孔特（St–Sauveur–le–Vicomte），美军第 82 空降师

（上下图）1944 年 6 月—7 月，法国诺曼底，美军士兵

1944 年 6 月—7 月，法国诺曼底，美军装甲部队进入小镇

（上图）1944 年 7 月 28 日，法国诺特雷－当德瑟尼利（Notre-Dame-de-Cenilly），法国农民邀请美军装甲师喝苹果酒

（下图）约 1944 年 8 月 1 日，法国加夫拉（Gavra）附近，法国居民回到他们被解放的城镇

（右页二图）1944 年 6 月—7 月，法国诺曼底

BOUCHERIE

（上图）约 1944 年 8 月 20 日，法国沙特尔（Chartres）附近
（下图）1944 年 8 月 12 日，法国阿朗松（Alençon），欢迎盟军
（左页五图）1944 年 6 月—7 月，法国诺曼底

1944 年 8 月，法国沙特尔，戴高乐将军在一个新解放的小镇演讲

（上图）1944 年 6 月 27 日，法国瑟堡，被美军俘获的德国士兵

（下图）1944 年 6 月—7 月，法国诺曼底，被美军俘获的德国士兵

（上图）1944 年 6 月 26 日，法国瑟堡，德国士兵向美军投降

（下图）1944 年 7 月 26 日—30 日，法国圣洛西南部，美国士兵看守一队被俘的德国人

1944 年 6 月—7 月，法国诺曼底，一个美国宪兵在搜查一个被俘的德国党卫军军官

（上图）1944 年 6 月—7 月，法国诺曼底，一个美国牧师和一个死去的德国士兵

（下图）1944 年 8 月 9 日，法国圣马洛（St. Malo），被美军俘获的德国士兵

（上图）1944 年 8 月 9 日，法国圣马洛，一个法国妓女跟在被俘的德国士兵后面

（下图）1944 年 8 月 9 日，法国圣马洛，德国士兵向美军投降

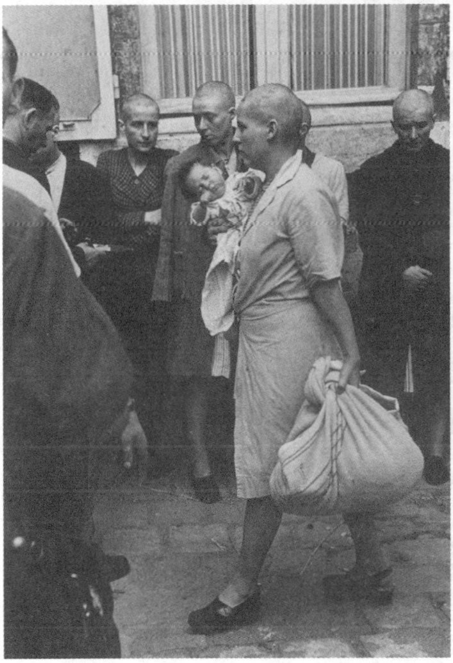

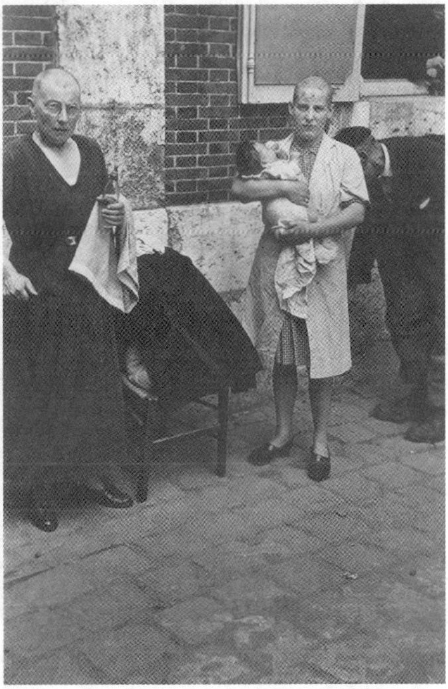

（本页三图）1944 年 8 月 18 日，法国沙特尔，亲德的法国妇女被剃头游街

（左页上图）1944 年 8 月 9 日，法国圣马洛，被美军俘获的德国士兵

（左页下图）1944 年 8 月 18 日，法国沙特尔

（上下图）1944 年 8 月 18 日，法国沙特尔，亲德的法国妇女被剃头游街

（本页三图）1944 年 8 月 25 日，法国巴黎南部

（本页六图）1944 年 8 月 25 日，法国巴黎，法国居民协助法军战斗

1944 年 8 月 25 日，法国巴黎，荣军院（Invalides）和波旁宫（Palais Bourbon）附近

（上下图）1944 年 8 月 26 日，法国巴黎，庆祝胜利

（上图）1944 年 8 月 26 日，法国巴黎，戴高乐将军向人群致意

（中图、下图）1944 年 8 月 25 日—26 日，法国巴黎，法军和抵抗战士

（上图）1944 年 8 月 25 日，法国巴黎

（下图）1944 年 8 月 25 日—26 日，法国巴黎，一个法国抵抗战士

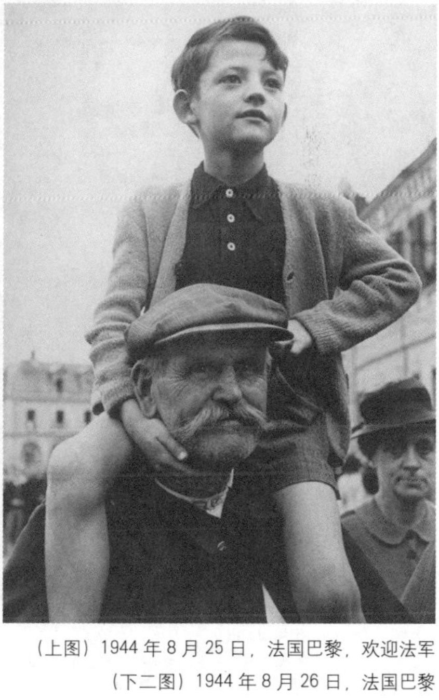

（上图）1944 年 8 月 25 日，法国巴黎，欢迎法军

（下二图）1944 年 8 月 26 日，法国巴黎

（上图）1944 年 8 月 26 日，法国巴黎，市政厅广场（Place de l'Hotel de Ville）

（下图）1944 年 9 月 2 日，法国巴黎，巴勃罗·毕加索（Pablo Picasso）和朋友在工作室中

1944 年 9 月，法国巴黎，巴勃罗·毕加索离开工作室

（上图）1944 年 10 月，德国，一个德国居民在登记

（下图）1944 年 10 月，靠近亚琛（Aachen）的法德边境，罗马天主教大主教弗朗西斯·斯佩尔曼（Francis J. Spellman）在给军队做弥撒

（左页五图）1944 年 9 月，法国巴黎，巴勃罗·毕加索在工作室中

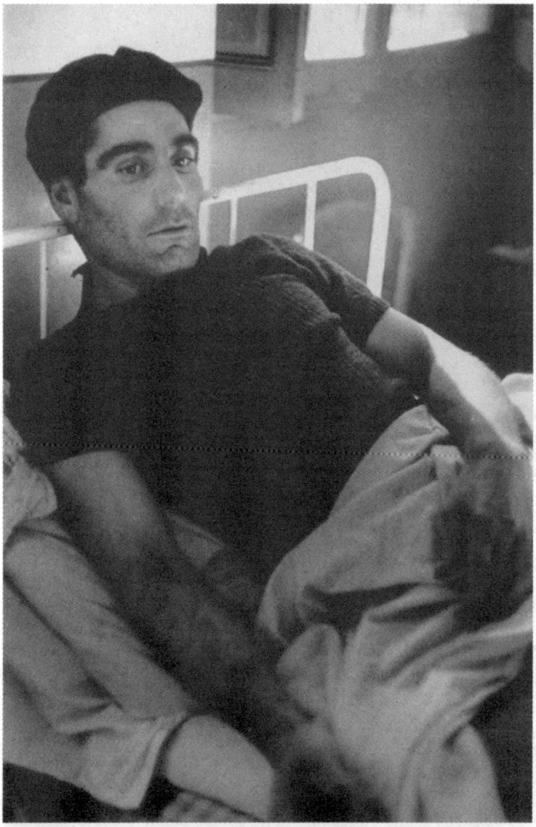

（上图）1944 年 10 月，法国韦科尔地区（Vercors）

（下图）1944 年 11 月，法国图卢兹（Toulouse）附近

（右页上图）1944 年 12 月 23 日—26 日，比利时巴斯托涅（Bastogne）南部，一辆德国坦克被美国空军轰炸

（右页下四图）1944 年 12 月 23 日—26 日，比利时巴斯托涅南部

（上图）1944 年 12 月 23 日—26 日，比利时巴斯托涅南部
（下图）1944 年 12 月 23 日—26 日，比利时巴斯托涅南部，一个美国士兵俘获一个德国人

1944年12月23日—26日，比利时巴斯托涅南部，被美军俘获的德国士兵

（本页三图）1944 年 12 月 23 日—26 日，比利时巴斯托涅南部，被美军俘获的德国士兵

1945 年

1945 年 3 月 24 日，运输机上

（上下图）1945 年 3 月 23 日，法国阿拉斯（Arras），被理成莫霍克（Mohawk）发型（为讨个吉利和团队精神）的美军伞兵

1945 年 3 月 24 日，德国韦塞尔（Wesel）附近

（本页三图、右页三图）1945 年 3 月 24 日，德国韦塞尔附近

（上下图、右页图）1945 年 3 月 24 日，德国韦塞尔附近

（上图）1945 年 3 月 24 日，德国韦塞尔附近，被美军俘获的德国士兵和居民
（下图）1945 年 3 月 24 日，德国韦塞尔附近，德国农民逃离被轰炸的家园

（上下图）1945 年 3 月 24 日，德国韦塞尔附近，被美军俘获的德国士兵

（上下图）1945 年 3 月 24 日，德国韦塞尔附近，德国农家躲避战争

（本页三图）1945 年 4 月 18 日，德国莱比锡城（Leipzig）

（上下图、右页二图）1945 年 4 月 18 日，德国莱比锡城，美国士兵抓捕德国狙击手。美国军事审查部门曾禁止这些德国人被虐待的照片公开

Besetzt

510

（上图）约1945年4月20日，
德国纽伦堡（Nuremberg）
（下图）约1945年4月20日，
德国纽伦堡，休伯特·斯特
里克兰（Hubert Strickland）独
自一人在纽伦堡体育场

（上下图）1945 年 8 月，德国柏林，一个美国士兵将一块手表卖给一个俄国士兵

（本页三图）1945 年 8 月，德国柏林

（上图）1945 年 8 月，德国柏林，拍照中的俄国士兵
（下图）1945 年 8 月，德国柏林，一群妇女正在清理被损坏的城市碎石

（本页三图）1945 年 9 月 7 日，德国柏林，自 1938 年以来这个城市第一次在犹太教会堂过犹太教新年

（上图）1945 年 6 月—9 月，荷兰阿姆斯特丹，一个饥饿的孤儿

（下图）1945 年 7 月，德国霍哈斯特（Hohenhorst），孤儿院中的孩子。孩子来自纳粹生命之源（Lebensborn）之家，“生命之源”是一项保持雅利安人生育率的国家政策

1946 年

1946 年 7 月—10 月，美国好莱坞，英格丽·褒曼（Ingrid Bergman）在电影《凯旋门》（*Arch of Triumph*）中的剧照

（上图）1946 年 4 月—5 月，美国好莱坞，阿尔弗雷德 · 希区柯克（Alfred Hitchcock）在《美人计》（*Notorious*）中指导英格丽·褒曼演戏

（下图）1946 年，美国好莱坞，英格丽 · 褒曼

1947 年

（上下图）1947年9月，苏联莫斯科

（上图）1947 年 9 月，苏联莫斯科，委员会审核出售给苏维埃妇女的时尚服饰的整体效果

（下图）1947 年 9 月，苏联莫斯科，在城市周年纪念日观看烟火的人们

（上图）1947 年 8 月，苏联斯大林格勒

（下图）1947 年 8 月，乌克兰苏维埃社会主义共和国第比利斯（Tiflis），大教堂中的主教

（上下图）1947 年 8 月，乌克兰苏维埃社会主义共和国，日常生活

（上图）1947 年 8 月，乌克兰苏维埃社会主义共和国哥里市（Gori），观看格鲁吉亚（Georgian）摔跤的全国总决赛的人们

（下图）1947 年 8 月，乌克兰苏维埃社会主义共和国姆茨克赫特（Mtskhet），老教堂的看门人

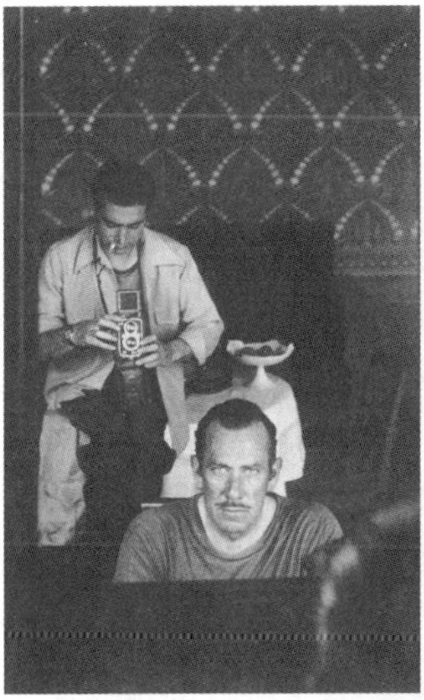

(上二图）1947 年 8 月—9 月，苏联莫斯科，约翰 · 斯坦贝克（John Steinbeck）

（下图）1947 年 8 月—9 月，苏联莫斯科，诗人和小说家康斯坦丁 · 西蒙诺夫（Konstantin Simonov）

1948 年

1948 年 5 月 14 日，以色列特拉维夫市（Tel Aviv），庆祝以色列建国

(上图)1948 年 5 月 14 日，以色列特拉维夫市，以色列首任总理大卫·本－古里安（David Ben-Gurion），宣读以色列建国宣言

（下图）1948 年 5 月，以色列

（上图）1948 年 6 月，耶路撒冷，正在修建一条为耶路撒冷供应物资的路

（下图）1948 年 5 月—6 月，以色列，以色列士兵

（上下图）1948年6月，以色列特拉维夫市，大卫·马库斯（David Marcus）的葬礼

（上图）1948 年 5 月—6 月，以色列，以色列士兵
（下图）1948 年 6 月 9 日，耶路撒冷，以色列政府军，即哈加纳（Haganah，犹太复国主义组织）

（上图）1948 年 6 月 22 日，以色列特拉维夫市，燃烧中的“阿尔塔列纳”号轮船

（下图）1948 年 6 月 22 日，以色列特拉维夫市，“阿尔塔列纳”号轮船事件中的伤亡人员

（上图）1948 年 8 月，法国儒昂海湾（Golfe–Juan），毕加索、弗朗索瓦斯 · 吉洛（Françoise Gilot）和他们的儿子克劳德（Claude）

（下图）1948 年 8 月，法国儒昂海湾，毕加索和儿子克劳德

1948 年 8 月，法国儒昂海湾，毕加索和弗朗索瓦斯・吉洛，后面的男子是毕加索的外甥哈维尔・维莱特（Javier Vilato）

（上图）1948 年，匈牙利布达佩斯，
工厂里的工人代表在开会
（下图）1948 年，匈牙利布达佩斯，
街头的人们

（上下图）1948 年，匈牙利布达佩斯

（上图）1948 年，波兰，炼钢厂的工人
（下图）1948 年，波兰

1948 年 12 月，美国密苏里（Missouri），哈利 · 杜鲁门（Harry S. Truman）总统

（上下图）1948 年 10 月，波兰华沙（Warsaw）

1949 年

1949 年，美国印第安纳州（Indiana）

（上下图）1949 年 5 月—6 月，以色列海法（Haifa）

（上图）1949 年，以色列海法
（下图）1949 年，以色列，在集中营度过 9 年的特兰西瓦尼亚犹太人（Transylvanian Jew）

（上图、中图）1949 年 5 月—6 月，耶路撒冷

（下图）1949 年 5 月—6 月，耶路撒冷，犹太集会

（上图）1949 年 5 月，以色列特拉维夫市
（下图）1949 年，以色列拉姆勒城（Ramle）

（上图）1949 年，以色列涅加巴基布兹(Kibbutz Negba，以色列的集体农场)

（下图）1949 年，以色列涅加巴基布兹

（左上图）1949 年，耶路撒冷附近，一个法国犹太人在播种葡萄

（右上图）1949 年，以色列，救火

（左下图）1949 年，以色列拉马特·雷切尔基布兹（Kibbutz Ramat Rachel）

（右下图）1949 年，以色列，摩西·达扬（Moshe Dayan）上校（后来成为将军）

（本页三图、右页三图）1949 年 8 月，法国尼斯（Nice）西米埃兹（Cimiez），亨利 · 马蒂斯（Henri Matisse）

1950 年

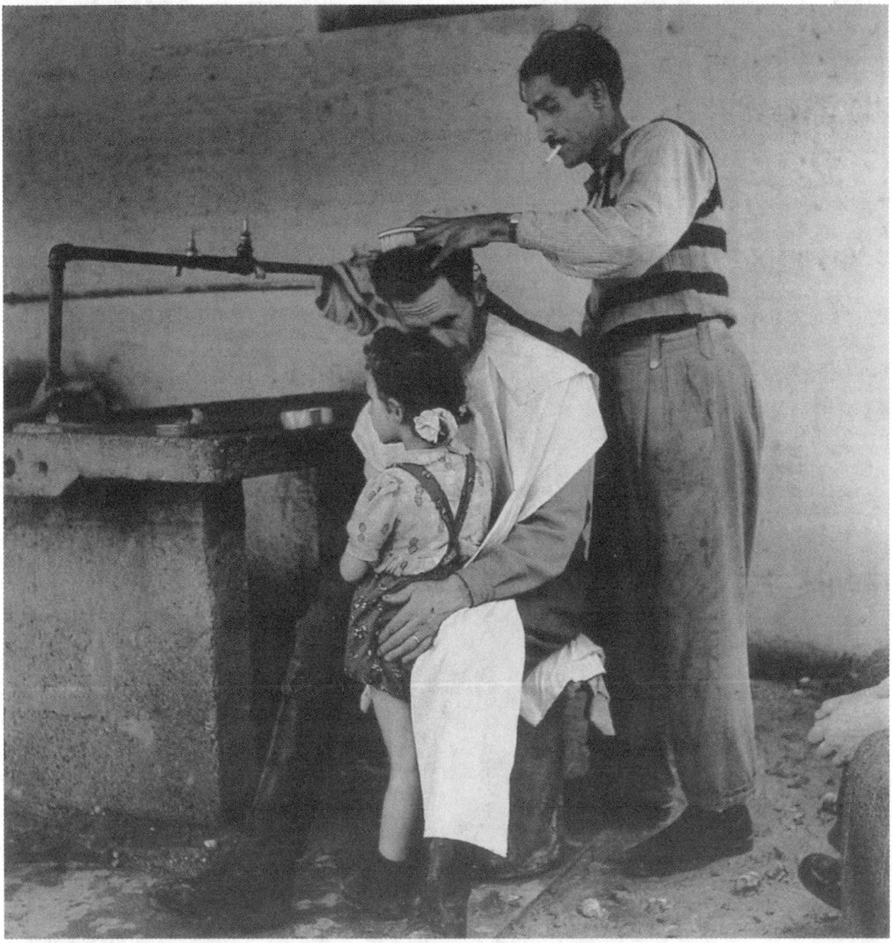

1949 年或 1950 年，以色列海法，一个移民临时庇护营内

（上下图）1949 年或 1950 年，以色列海法

（上下图、右页图）1949 年或 1950 年，以色列加利利（Galilee）地区，移民临时庇护营内

（上图）1949 年或 1950 年，以色列海法，也门犹太女孩
（下图）1949 年或 1950 年，以色列海法，也门犹太人

（上下图）1950 年，以色列海法移民临时庇护营

（上图）1950 年，以色列海法
（下图）1950 年，以色列，开垦土地

（上图）1950年11月，以色列特拉维夫市，梅赫纳姆·贝京（Menachem Begin）
（下图）1950年11月14日，以色列特拉维夫市，以色列首任总统哈伊姆·魏茨曼（Chaim Weizmann）到市政选举场投票

（本页三图）1950 年 2 月，奥地利祖尔斯（Zürs），狂欢节

1951 年

1951 年，荷兰巴伦附近索斯戴克宫（Soestdijk Palace），茱莉安娜女王（Queen Juliana）和女儿小玛莉（Marijke）

（上下图）1951 年，荷兰巴伦附近索斯戴克宫，伯恩哈德亲王（Prince Bernhard）

(本页三图)1951 年 8 月，
法国多维尔（Deauville），
观看马术比赛的人们

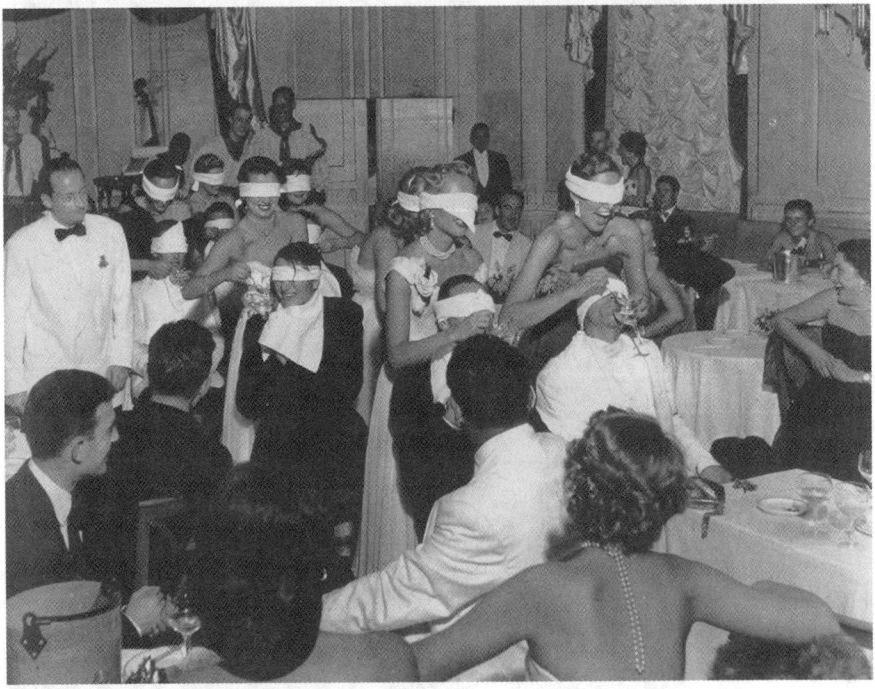

（上图）1951 年 8 月，法国比亚里茨（Biarritz），巴斯克节
（下图）1951 年 8 月，法国比亚里茨

（上图）1951 年，挪威特罗姆瑟（Tromso）
（下图）1951 年，意大利罗马

1952 年

（上下图）1952 年 7 月，法国巴黎

1952年7月14日，法国巴黎银塔美食餐厅（La Tour d'Argent），观看巴士底日烟火秀

1952 年，卢森堡哈姆（Hamm），艾森豪威尔在乔治·巴顿将军的墓前

1953 年

（上图）1953 年，意大利，杜鲁门·卡波特（Truman Capote）
（下图）1953 年，英国伦敦，亨弗莱·鲍嘉（Humphrey Bogart）（左一）和约翰·休斯顿（John Huston）（左二）观看伊丽莎白女王二世的加冕礼。当时鲍嘉正在主演休斯顿导演的电影《打败魔鬼》（*Beat the Devil*）

1954 年

1954 年，法国巴黎，威廉·福克纳（William Faulkner）

1954 年，德意志联邦共和国施韦因富特（Schweinfurt）

（上下图）1954 年 4 月，日本东京

（上图）1954年4月，日本热海(Atami)

（下图）1954年4月，日本烧津(Yaizu)

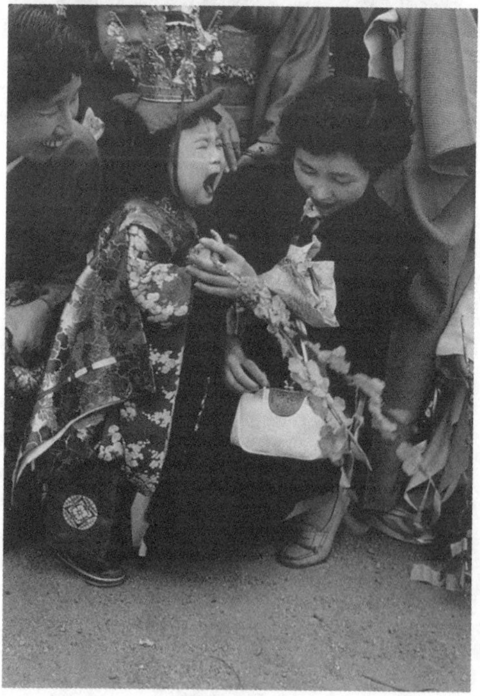

（上图）1954 年 4 月，日本奈良
（下图）1954 年 4 月，日本大阪

（上图）1954 年 5 月 1 日，日本东京，一名日本激进的左派在演讲

（下图）1954 年 5 月 1 日，日本东京

（上图）1954 年 5 月，老挝琅勃拉邦（Luang Prabang），法国士兵

（下图）1954 年 5 月，老挝琅勃拉邦，越南独立同盟（Vietminh）在奠边府（Dienbienphu）战役胜利后释放的生病或受伤的法国士兵

（上图）1954 年 5 月，老挝琅勃拉邦，越南独立同盟在奠边府战役胜利后释放的一个受伤的法国士兵
（下图）1954 年 5 月，老挝琅勃拉邦，守卫王宫的士兵

（上图）1954 年 5 月，老挝琅勃拉邦
（下图）1954 年 5 月 21 日，越南南定（Namdinh）

（本页三图）1954 年 5 月 23 日，越南河内

（上下图）1954 年 5 月 24 日，越南南定西部

（上下图）1954 年 5 月，越南南定附近

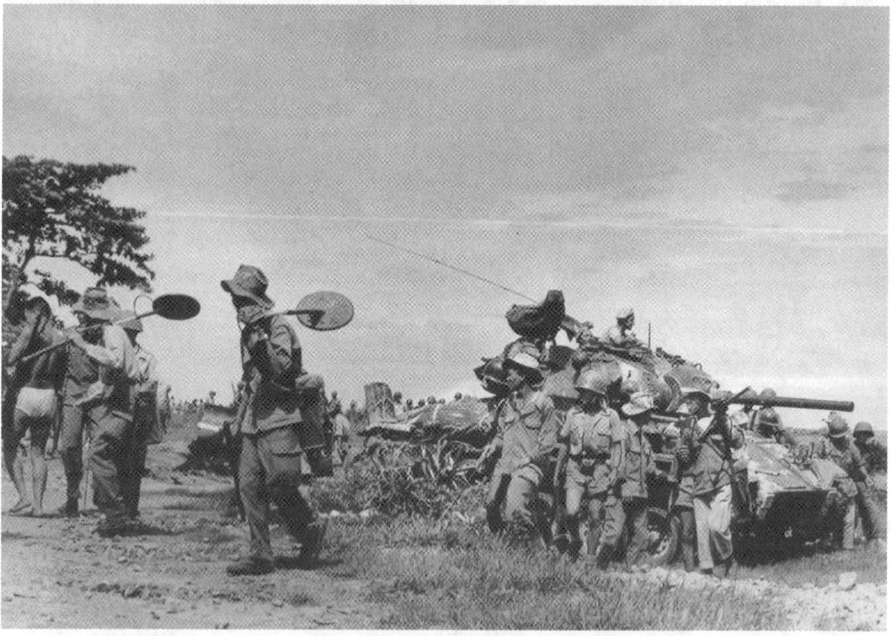

（上下图、右页三图）1954 年 5 月 25 日，越南南定前往太平省的路上

1954 年 5 月 25 日，越南南定前往太平省的路上（这是卡帕拍的最后一张照片）